构建和美乡村

健全党组织领导的乡村治理体系

文丰安 著

BUILDING A HARMONIOUS AND BEAUTIFUL VILLAGES

IMPROVING THE RURAL GOVERNANCE SYSTEM OF THE CPC'S LEADERSHIP

社会科学文献出版社
SOCIAL SCIENCES ACADEMIC PRESS (CHINA)

目 录

第一章 概论 …………………………………………………… 001
 第一节 乡村的内涵、特点与价值 ……………………………… 001
 第二节 乡村治理与乡村治理体系的内涵 ……………………… 017
 第三节 党组织领导乡村治理体系的研究现状
    与研究方法 ……………………………………………… 039

第二章 中国共产党成立后的乡村建设理论 ………………… 050
 第一节 中国共产党成立及社会主义革命和建设时期的
    乡村建设理论 …………………………………………… 050
 第二节 改革开放背景下的乡村治理理论 ……………………… 053
 第三节 新时代中国共产党乡村治理理论 ……………………… 061

第三章 构建党组织领导下的乡村治理体系 ………………… 066
 第一节 中国共产党对乡村治理领导的形成与发展 …………… 066
 第二节 党组织领导的乡村经济治理体系 ……………………… 074
 第三节 党组织领导的乡村政治治理体系 ……………………… 090
 第四节 党组织领导的乡村文化治理体系 ……………………… 100
 第五节 党组织领导的乡村社会治理体系 ……………………… 110
 第六节 党组织领导的乡村生态治理体系 ……………………… 121

第四章　党组织领导的乡村治理体系的现状分析 …………… 133
第一节　党组织领导的乡村治理所取得的成就 …………… 133
第二节　党组织领导的乡村治理体系的现存问题及原因 …… 140

第五章　党组织领导的乡村治理体系现代化的对策研究 …… 172
第一节　党组织领导的乡村经济治理体系现代化 ………… 172
第二节　党组织领导的乡村政治治理体系现代化 ………… 180
第三节　党组织领导的乡村文化治理体系现代化 ………… 187
第四节　党组织领导的乡村社会治理体系现代化 ………… 196
第五节　党组织领导的乡村生态治理体系现代化 ………… 205

第一章
概 论

乡村历来是我国长治久安的基础，乡村工作的好坏，直接影响国家进一步发展大局，加快推进乡村治理体系和治理能力现代化，才能更好地维护乡村稳定大局。乡村的内涵是什么，乡村的价值何在，乡村治理到底治理什么，乡村治理体系包括哪些方面内容，等等，对这些问题形成一定认知，并进行充分讨论是本书研究的理论前提。

第一节 乡村的内涵、特点与价值

乡村是一个不断发展的概念，在不同学术语境和历史环境中有不同解读，很难对其进行清晰界定。中共中央、国务院印发的《乡村振兴战略规划（2018—2022年）》，首先给"乡村"一词以新的定义，这将有力地消除对乡村的种种歧义和建设中的偏差，把乡村振兴战略规划置于乡村的科学内涵之上。党组织领导的乡村治理体系是具有中国特色的乡村治理模式。现阶段，中国乡村有属于符合本国国情和历史语境的内涵、特点与价值。只有充分理解乡村的内涵、特点与价值，才能充分认识乡村建设的意义，才能汇聚乡村善治的力量，才能凝聚乡村振兴的合力。

一　国外学者关于乡村的认识

学界关于乡村概念的认识，从纵向看，经历城乡概念的二元划分—城乡连续体—城乡混杂—城乡融合—多功能乡村—乡村性等不断发展的过程。这一发展过程也体现人们对乡村内涵认识的不断深化。从横向看，包括城乡视角、乡村功能视角、全球化视角、现代化视角、话语视角等。纵横视角间有着历史与逻辑的统一。

（一）从城乡视角认识乡村

从城乡视角认识乡村包括两种类别，一种是城乡二元论。这部分学者认为乡村和城市都是人类生产、生活、聚集之地，人们对乡村的认知起源于城乡对比之中。滕尼斯的"共同体"理论对城乡进行划分，将人类共同生活分为两种对立的类型，即"共同体"与"社会"。[①]"共同体"内人与人之间关系紧密，具有相似的情感和共同的归属感。"社会"内人与人之间联系的纽带是利益合理，是契约，是交换。乡村是"共同体"的代表，而"城市"是社会的代表。二元经济结构理论创立者是美国经济学家威廉·阿瑟·刘易斯，于1954年在《曼彻斯特学报》上发表的《劳动无限供给条件下的经济发展》中阐述发展中国家经济发展存在的城乡二元经济发展模式。刘易斯的"二元"模式引发理论界的广泛讨论。学界关于二元经济理论，后来出现"拉-费模式""乔根森模式""托达罗模式"，这一类别学者从城乡二元对立视角研究乡村的内涵、特点与功能。

另一种是城乡一体论。与城乡二元对立不同，这部分学者认为乡村与城市都有丰富的内涵，同时两者有许多重合之处，很难

[①] 〔德〕斐迪南·滕尼斯：《共同体与社会——纯粹社会学的基本概念》，林荣远译，商务印书馆，1999。

用单一概念概括。美国人类学家罗伯特·雷德菲尔德认为乡村与城市概念之间并不存在明显边界,并在他1955年出版的著作《小社区:人类整体研究的观点》中提出"城乡连续体"(urban-rural continuum)概念,认为随着社区规模扩大,乡村社会关系会向城市转向,他关于城乡连续体的分析涉及价值、信仰、行为等多个方面,论述相对完整缜密,该理论在社会上被广泛普及。同年,法国经济学家F.佩鲁提出"增长极"理论,认为大企业或大城市能产生"磁场极",对周边产生吸引和辐射作用,推动周边发展。20世纪50年代后期,发展中国家工业化和城镇化速度加快,中心城市快速扩展,在城市边缘出现一些既非城市又非乡村、既像城市又像农村的"灰色地带",这些灰色区域后来被加拿大学者麦基(T. G. McGee)命名为"Desakota模式",Desakota模式实质就是城乡统筹与一体化发展。在城乡一体化发展过程中,城市的社会资本、产业经济、生活方式、文化观念等不断向乡村渗透,乡村打上城市的烙印,城市也有乡村的印记,两者相互渗透。例如从居住空间看,越来越多的乡村告别分散居住模式,和城市一样集中居住,且按照城市社区模式进行社区管理,村民不仅要求田园风光,还要求公正、公平、共建、共享。乡村自然元素也渗入城市里的多种建筑、多类景观,将乡村美好田园景色嵌入城市,城乡边界在逐步消失。20世纪60年代,对空间规划进行长期研究的美国著名地理学家约翰·弗里德曼将增长极理论与空间发展融合,提出核心-边缘理论,认为核心地区不断发展能带动周边其他地区发展。这一类学者都是从城乡一体化视角研究乡村。

(二)从乡村自身功能认识乡村

从乡村自身功能视角认识乡村总体遵循"生产主义""后生产主义""多功能农业""多功能乡村""乡村混杂性"的演化路径。

从"生产主义"到"后生产主义"的演变。20世纪50年代初期，对刚刚结束二战灾难的欧洲国家而言，粮食生产处于核心位置，为保障粮食自给率，政府出台一系列政策提高粮食产量。财政补贴、农产品价格保护和粮食组织的发展强化乡村的生产功能，农业生产以产量为主导的乡村观念在当时占支配地位，"生产主义"乡村观念盛行。20世纪80年代中期，一味追求农业高强度生产的乡村"生产主义"模式严重破坏生产环境，饱受人们诟病。西方一些国家停止对农业生产的大额补贴，一些国家间签订粮食贸易的合作协定，国家降低对粮食的自给率要求，村民种粮积极性减弱，另外环保主义推动废除生化肥料，采用环境友好型耕种方式。随后，"后生产主义"乡村模式开始出现。"后生产主义"更关注农业生态系统服务功能和乡村文化景观保护功能，认为乡村既能提供生产还能进行消费。例如积极发展可以满足人们对田园生活向往的乡村休闲旅游农业等。

"多功能农业"与"多功能乡村"理念出现。21世纪，"后生产主义"观点受到一些欧洲传统农业大国质疑，有学者认为不能因为"后生产主义"而忽视乡村农业生产功能，应该用兼顾"生产主义"和"后生产主义"的"多功能农业"重新认识乡村。"多功能农业"说明农业功能的多样化，既有生产功能，又有休闲娱乐、生态保护、文化传承功能，既关注农业生产数量，又关注农业生产质量，推动农业在物质生产、环境保护、文化创新与传承等方面作出贡献。"多功能农业"意味着农业产业多样化、村民收入多元化，不同禀赋的国家和家庭可以选择适合农情的多样发展模式。由此，"多功能乡村"理论是在"多功能农业"理论基础上进一步深化，将农业在经济、生态、文化、社会等方面的功能延伸到乡村，乡村被认为是与城市不同但又相互补充的具有多样功能的一种文明形态。人们对乡村的需求日益多样化，不同群体对乡村的利益需求也不同，且乡村的生态功能、美学功能、消费功能和生产功能发展同等重要。

"混杂性"（hybridity）乡村理念兴起。乡村具有多功能特征，乡村产业结构持续优化，人口结构复杂多元，手工业、文化产业、旅游产业加快发展，本地村民、创业者、游客、外来务工人员等人口融合，使乡村人口具有混杂性特征。混杂性并不是乡村的多种业态、多类人口结构简单相加和拼接的状态，而是具有创造特征，能孕育出新事物的。正如 Mitchell 指出，混杂性是创造性的，它在融合异质性要素的基础上生成崭新的事物。[①] 乡村的混杂性，除包含乡村内部各主体、各要素的混杂关系外，还包含人与自然的混杂。乡村中高大树木为人类遮阳庇荫，美好景色令人心旷神怡，人与自然和谐互动。当然，自然也是混杂着人类活动的自然，"自然"既是一种混杂化"自然"，也是"人化"自然。自然与文化价值、社会价值、经济价值和政治价值紧密结合在一起，其通过与人类积极互动共建乡村。

（三）从全球视角认识乡村

齐格蒙特·鲍曼在描述全球化时说道："全球化是世界不可逃脱的命运，是无法逆转的过程"[②]。同样，乡村社会也卷入全球化中。关于乡村与全球化的关系，英国学者迈克尔·伍兹（Michael Woods）教授提出"全球乡村"（global countryside）[③] 概念。他认为全球化打破城乡界限，使人与物在全球范围内流动，乡村的本土特性和传统特色在全球化中被逐渐消融，但乡村并不总是全球化的受害者，乡村在全球化过程中并不是静止被动的，与全

---

① Mitchell K Hybridity, "Cultural Geography: A Critical Dictionary of Key Concepts", In: Sibley D, Jackson P, Atkinson D, et al. Michael Woods, (London: IB Tauris, 2005), pp. 188-193.

② 〔英〕齐格蒙特·鲍曼：《全球化——人类的后果》，郭国良、徐建华译，商务印书馆，2001，第1页。

③ Woods M, "Engaging the global countryside, Globalization, hybridity and the reconstitution of rural place," *Progress in Human Geography* 31 (4), 2007: 485-500.

球化也不是支配与被支配、控制与被控制的关系,而是相辅相成、相互融合、相互促进的。全球化带来的关系网络、丰富资源在与乡村链接过程中使一些乡村在全球化中获得新生。如今,世界上大部分乡村都参与到全球化中,它们主动或被动成为人员、资本、文化等各种流动因素中的一员,加上网络普及,乡村地理界限被进一步模糊,同时乡村特性也沿着全球化向外扩散,全球化与乡村互相建构、互相形塑。城市与乡村界限模糊化,各类因素在全球化流动中重构乡村和城市,乡村主体在多样化、具体化的日常生活环境下表现出与以往刻板印象不一样的特性。例如,国外务工农民在激烈的文化碰撞、价值碰撞中,为了"本体安全感"(ontological security)[1],依然保持自身的乡村特性,并以这一特性影响他人。全球化、城镇化也将乡村变成一个竞技场,全球性的、城市的、本土的等各类因素杂糅在一起,不断协商重构,乡村在糅合中充满不确定性和流动性,使传统乡村和现代乡村表现出巨大差异。

(四) 从现代化视角认识乡村

现代化过程是博采众长、适应现代发展状况、顺应未来发展趋势的过程,也是在传统基础上不断开拓创新的过程。现代化包括政治、经济、文化、社会、生态等多个方面的现代化,其对乡村社会的影响是全面、深刻的,实现现代化也是乡村发展目标之一。现代化过程中,乡村社会各种力量混合、杂糅,使乡村出现传统与现代、新与旧的融合。乡村的价值观念、人地关系在现代化影响下发生变化,现代化产业、便捷的交通、城乡的交融改变乡村人地关系和劳动模式,也缩小日常交往的时空限制。数字化建设搭建和扩大乡村与外界的交往通道,使乡村更加开放、更具

---

[1] Simone A, *For the City Yet to Come*, *Changing African Life in Four Cities*, Durham NC: Duke University Press, 2005.

活力。但是，现代化不仅代表进步和自由，还伴随着传统割裂、意义消解、伦理重构、金钱至上、劳动异化、消费异化、个体原子化、工具理性、乡村文化式微等一系列乡村发展困境。但现代化并不是消灭传统性。学者们认为，传统性与现代化可以相互融合，传统与现代应在"破"和"立"中互相摒弃消极因素，吸收积极因素，乡村的传统特性也有其生命力。Winchester 发现村民能在传统节日仪式中获得情感归属，重建精神家园。①

（五）话语视角下的乡村

话语可理解为人们表达的语言。话语不仅包括真实层面，也包括想象层面。乡村政治话语的变迁呈现乡村社会权力关系和冲突。在城市化高度发展的后现代西方社会，研究者不再仅关注乡村的物质层面，乡村被不同研究群体赋予文化意义和想象空间，以话语层面的建构呈现出来，包括田园诗画话语、弱者话语、日常话语、媒介话语和政策话语。田园诗画风被描绘为乡村风景优美、民风淳朴、恬静祥和，与城市的熙攘喧嚣截然不同。他们赋予乡村浪漫化的想象，促进乡村旅游和乡村房地产发展。在田园诗画风话语影响下，乡村社会中在收入、性别、年龄、族裔等方面处于弱势的群体被社会经济政治边缘化。无家可归者、妇女、儿童、残疾人、少数族裔等弱势群体成为部分学者关注的对象，形成弱者话语。乡村日常话语来源于乡村日常生活实践，Halfacree 在英格兰的案例研究中指出：日常话语和田园诗画有相似之处，但前者更多是对乡村日常生活的反映，体现乡村想象空间与实体空间相分离的趋势。② 媒介话语中乡村都是作为"城市"的他者

---

① Winchester H P M, Rofe M W, "Christmas in the 'Valley of Praise': Intersections of the rural idyll, heritage and community in Lobethal, South Australia," *Journal of Rural Studies* 21 (3), 2005: 265-279.

② Halfacree K, "Talking about rurality: Social representations of the rural as expressed by residents of six English parishes," *Journal of Rural Studies* 11 (1), 1995: 1-20.

而存在，是基于城市需要的话语视角展开，如"什么是可被接受的乡村""乡村应该如何被开发"等。不同时期基于乡村作用不同和乡村政策需要，对乡村的定义不同。如由"生产主义"话语到"后生产主义"话语再到"多功能乡村"话语的转变，不同部门对乡村也有不同界定，有研究指出，仅美国联邦政府各部门对乡村的定义就有 50 多种。

二 中国现代乡村的内涵和特点

不同研究视角使学者们关于乡村的认识呈现多样性、差异化特点。不同时期、不同国家对乡村内涵也存在认知差异。为避免认识上的混乱，且使研究能够有针对性地开展，本课题研究的场域是中国，研究对象所处时期是现代，研究视角是基于国家治理视角，也就是国家治理视角下中国现代乡村治理体系研究，并在此基础上认识中国现代乡村的内涵与特点。

（一）中国现代乡村的内涵

何为乡村，通常情况下，乡村与城市相区别，乡村与农业相融合，乡村与人口分散相联系。从居民居住特点看，一般包括大、中、小城市，小镇和乡村。小镇既具有城市人口稠密和功能分区等特征，又是乡村经济聚集地，是城市与乡村的结合带。乡村是小镇以下的建制区域。乡村从内涵看，最大的特点即是乡村与城镇的区别，乡村是一个历史、动态的概念，传统乡村以农业为主，农业虽然还是现代乡村支柱性产业，但是现代乡村已经不仅只有农业，手工业、旅游业及其他产业也在乡村逐步发展。不过农业、农民、土地依然是乡村的主体要素。农民是乡村人口主要构成人员，但是乡村并不只有农民，还有其他从业人员。此外，我们也可以从物质空间、社会空间和文化空间理解乡村，乡村是与城市、小镇相区别的，以农业为主，养殖业、旅游业等多种经济形态并存的农民聚集地。

（二）中国现代乡村的特点

与西方乡村相比，城市化和现代化对中国乡村的冲击更为猛烈，从发展视角看，中国乡村特点既有普适性也有中国特色，中国乡村发展现状如何、有何特点，我们可以从学界关于乡村发展研究中窥见一斑。

1. 乡村终结论

20世纪90年代以来，在外部因素牵引和内部需求碰撞中，在"自上而下"渗透中和"自下而上"参与下，乡村社会发生巨大变化。随着城市化进程加快，传统乡村在空间上不断被城市侵蚀，大量乡村土地成为城市建设用地，乡村建设空间日趋缩小。社会关系方面，在工业文明、消费主义影响下，以及部分地区"迁村并居"背景中，熟人关系、村落传统文化、宗族交往关系在剧烈变化中被打破，以地缘、血缘、亲缘为纽带的乡村社会关系面临失衡。人口流动方面，越来越多的村民在城市定居成为城镇人员，其主要社会关系和人际往来由乡村转向城市，乡村常住人口日益减少，乡村空心化严重，这在西部地区部分乡村表现尤为明显。种种迹象表明，在外部力量入侵下，传统乡村社会结构和组织方式面临失序与解体现状，村落不可避免地因城市化转型而走向"终结"。乡村终结论的重点在于乡村已经失去其不同于城市的独特属性和独立发展的可能，中国乡村不再是传统的"乡土社会"，不再是纯粹的以土地、农业、村民、传统乡村社会为主要构成要素的"独立封闭社会边界的社会实体"[①]。土地使用、传统农业、经营方式、村民就业结构、乡村社会关系及生活方式都在城市化和现代化影响下发生改变，乡村空了、没了、变了。可见，乡村终结论强调传统乡村形态的延续性以及乡村形态与城市形态的分离性。

---

① 毛丹、王萍：《英语学术界的乡村转型研究》，《社会学研究》2014年第1期。

2. 乡村重构论

乡村重构论也可以称为乡村再生论。乡村重构论认为，现代化为传统乡村发展提供新的机会，使"乡村社会经济形态和优化地域空间格局"①得以重构。乡村重构过程是乡村在现代化、城市化语境下适应、演变、改造的过程。乡村地域系统演化既有正向提升也有负向退化，有乡村在演化中没落，也有乡村在演化中发展。乡村重构首先需要预设目标，在目标指引下人为地干预和调控乡村内各要素，优化乡村结构，促使乡村由粗放无序向高效有序良性状态转变，实现提质升级。乡村重构包括乡村空间重构、经济重构和社会重构。传统乡村居住分散，乡村土地使用分散，空间利用率有待提高，且随着越来越多的村民进城务工，在城市购房的人员增多，部分乡村"散、空、乱"现象更为明显。乡村空间重构，即重构乡村生活、生产、生态空间格局，调整和优化乡村空间体系。乡村空间重构应依据各地乡村自身发展特点、布局特点和风俗习惯，以提高土地资源、公共资源利用率和行政效率为原则，在充分尊重村民意愿且能解决村民困难、帮助村民走向共同富裕的基础上，对在现代化中村落功能退化的空心村进行"拆村合并"和适量搬迁。对生存环境相对艰辛或存在较大生态隐患的村落可进行整体搬迁，对产业体系发展较好、各种公共设施较完善的村落可进行集中居住，改善村民土地经营细碎化问题，完善土地流转制度，为土地规模经营提供空间场所。但是所有空间重构都必须充分尊重村民主体地位、符合村民意愿，不能为便于管理，强迫"村民上楼"，也不能为实现土地规模化经营，而强迫村民放弃分散承包、分散经营权利。乡村经济重构的目的在于改变乡村经济发展缓慢、乡村产业生产效率低下、组织化程度偏低、经济价值不高的现状，激活乡村内部活力。乡村

---

① 龙花楼、屠爽爽：《乡村重构的理论认知》，《地理科学进展》2018年第5期。

经济重构，一方面，为改造乡村传统产业，优化产业结构，适度发展规模经营，做好农产品种植、加工、销售一条龙服务；另一方面，充分吸收新经济发展要素以发展乡村新经济形态，立足乡村自身优势，利用互联网技术将乡村旅游、养老、养生等相互结合，积极培育新业态。乡村社会重构核心在于发展新型农业，实现乡村产业结构转型升级和新经济形态培育。乡村社会重构即进一步完善党领导下的自治、德治、法治、智治相结合的乡村治理体系。加强党对乡村的领导，充分尊重并积极发挥村民治理主体的功能，保护并传承优秀传统文化，如孝文化；积极宣传法律规范，使村民在知法、守法、懂法基础上学会用法，实现自治、德治、法治有序融合。

3. 乡村复兴论

2016年4月，由清华大学建筑学院参与的首届中国（新县）乡村复兴论坛在河南省新县西河湾进行，论坛主要聚焦乡村历史文化遗产保护和乡村旅游。2020年9月首届世界乡村复兴大会在山西农业大学召开，大会愿景是"让乡村承载未来，让世界回归乡村"。2021年9月世界乡村复兴大会也在山西农业大学召开。会上，温铁军提出要吸引市民下乡投资，"通过微景观、民宿、文创、康养、耕读教育、文化传承等推动六产融合和乡村百业兴旺"①。美国国家人文科学院院士、中美后现代发展研究院院长小约翰·柯布认为，应充分重视乡村的价值，乡村生活让我们参与到自然社会中，更利于人类感受人与自然融合。国际慢食协会主席卡洛·佩特里尼（Carlo Petrini）则提出，城市不应该消灭乡村，乡村的价值被现代社会严重低估，应找到城市与乡村的融合之道，大力振兴乡村。2021年温铁军在长安街读书会讲坛上提出，乡村复兴是中华民族伟大复兴的主要内涵，它和中华民族伟

---

① 中国绿发会：《第二届世界乡村复兴大会召开——世界乡村复兴的中国实践》，澎湃网，2021年10月11日，https://m.thepaper.cn/baijiahao_14847913。

大复兴紧紧结合在一起,中华民族伟大复兴以乡村复兴为基础。乡村复兴并不是回到以前,而是强调乡村不是城市的附庸,而是与城市相辅相成。乡村有城市所没有的独特价值和特性,在国家社会发展中有着不可取代的价值。中华民族伟大复兴同样包括乡村地位、产业、文化、治理等各方面的复兴,乡村在城乡关系中应该发挥其主动角色,找回本应属于乡村自身的辉煌。

4. 乡村振兴论

党的十九大报告提出实施乡村振兴战略,以农业农村现代化为总目标,以"产业兴旺、生态宜居、乡风文明、治理有效、生活富裕"[①]为总要求。乡村振兴战略是党在新时代对"三农"问题提出的新要求、新部署,既能解决现代化过程中城乡发展不平衡问题,又能保障农业粮食生产功能、保障粮食生产安全,也可以解决农村生态安全问题,有利于中华优秀传统文化的传承与发展。自此开始,关于乡村振兴的学术研究呈现井喷状态,出版的书籍和发表的论文数以万计,奠定了当前中国乡村发展研究的主基调。

三 中国现代乡村的多元价值

中国历史离不开农耕文明,农耕文明是中国文明的底色。近代以来,工业社会生产方式传入中国,工业化、现代化、城镇化成为我国建设的主要目标,以"改造乡村"为目的的乡村建设运动展开。主导者认为,农业、农村、农民落后是国家贫困落后的原因,是需要改造的对象。然而因乡村产品的价值较低而导致乡村价值被忽视了。随着新农村建设、"美丽乡村"、"美丽中国"、乡村振兴战略的提出和实施,乡村的多元价值和功能才逐步被认识,乡村的多元价值包括乡村的经济价值、政治价值、文化价

---

① 本书编委会:《中共中央 国务院关于实施乡村振兴战略的意见》,人民出版社,2018,第4页。

值、社会价值和生态价值。

（一）乡村的经济价值

乡村的经济价值首先表现在其生产主义功能上。乡村以农业生产为主，农业是人类生存之源和生存之本，为国民提供粮食和其他农产品。"民以食为天"，作为一个人口大国，中国每年粮食、肉禽、蔬菜、水果等需求量较大，如果一个国家的农业不能提供足够粮食和其他必需品，国家发展独立性将会受到影响，不能掌控国家经济社会发展大局，会被其他国家扼住发展的咽喉，因此必须确保粮食安全、食物安全，保障在任何时候都有充足、优质的食物供给，能满足人民的食物需求。其次，农业作为第一产业，为第二三产业提供原料支撑。纺织产业、食品产业、皮革产业、烟酒产业、橡胶产业等产业的主要原料都来自农业，农业不能良好发展，第二三产业也将受到直接影响。因此，除满足本国必需外，我国农产品也进行大量出口，是国家出口经济重要组成部分。最后，乡村产业兴旺、农民共同富裕为全面建设社会主义现代化国家提供经济支持。除生产主义功能的农业之外，乡村还存在旅游经济、康养经济、高科技经济等多种经济形态，成为部分外出村民返乡创业和城市居民下乡创业或养老的热土。乡村出现多种在城市无法呈现的经济形态，为现代化产业体系和经济体系建设开辟新领域，进一步激发我国经济发展活力。同时，乡村还拥有广阔市场，是国民经济循环的重要环节。

（二）乡村的政治价值

乡村的政治价值首先表现在其稳定功能上。从乡村生产功能看，食物充足供给利于稳定我国国际地位，使我国在国际局势动荡之时能保障本国独立自主发展，原料充足供给利于稳定我国第二三产业发展，否则一旦乡村农业发展受到威胁，那么第二三产业也会受到冲击。从乡村内部结构看，乡村以家庭联产承包责任制为主，人力、资金分散，生产灵活性强，类型多样，不易受到大规模风险冲击。从城乡互动角度看，乡村流动的灵活性既能激发年轻劳动力干事创业的动力，使他们能在城市里立足，也能将竞争力相对较弱的村民留在乡村，使我国不会出现大量贫困村民涌向城市现象，也不会产生部分发展中国家存在的"城市贫民窟"。乡村在现代化过程中吸纳劳动力较弱的村民，有利于维护国家和社会稳定，也在一定程度上帮助城市化解市场和健康安全风险。例如，2008年金融危机，大量在城市失业的农民工返乡从事农业生产，缓冲经济危机负面影响，避免因失业影响社会稳定。新冠疫情在人口集中的城市突发时，广袤乡村以其清新的空气、分散的居住环境缓解了全国抗疫压力。其次，乡村政治价值表现在对农民主体权利和主体地位的认可。在工业化和城镇化快速发展时期，乡村的低价值导致农民自我认知的低价值，农民也并不是一个被人看得起的职业。在城市，尽管农民工是城市建设的重要参与者，却并不能充分享受城市人享有的户籍政策所带来的各类权利。在农村，由于受教育水平有限，个人政治参与能力有限，村民积极参与乡村事务的积极性和水平并不高，农民在农村公共事务建设中的主人翁地位并没有得到充分展现。因此，乡村振兴从政治角度讲，要通过赋权充分保障农民主体权利和地位，坚持乡村发展为了村民、依靠村民。

（三）乡村的文化价值

乡村的文化价值是过去常被忽视却十分重要的价值。它主要包括乡村社会文化价值和精神文化价值。乡村是耕作之地，鸟语花香、池鱼旧林、村居老舍、小桥流水、蔬菜瓜果是许多人成长的自然背景，玩耍嬉闹、抓鱼捉虾、共享美食是许多人成长的生活日常，邻里伙伴、乡亲父老、亲朋好友是许多人成长的社会背景，"羁鸟恋旧林，池鱼思故渊"，很多人最初情感体验来自乡村，离开家乡后始终对她有一份特殊的感情，怀恋旧时时光，怀恋家乡自然风光和特色美食，怀恋家乡亲人，一直到老这份情感都难以忘怀，总想着"告老还乡"，乡村始终是一些人的精神家园。乡村是村民聚居地，在一代一代的劳作和繁衍生息中，形成维系乡村发展、表达文化认同，凝聚乡村集体情感、培养民族自豪感的传统道德文化。传统习俗有好有坏，有积极、消极之分，积极传统习俗对村民具有良好的规训和教育作用，如孕育于农耕文明的、传统节日承载的习俗，春节阖家团圆，重阳节敬老爱老，清明节祭祖弘孝等，这些传统节日和传统习俗都是中华悠久乡村文化的一部分。传统乡村社会蕴藏丰富的道德文明，尊老爱幼、诚实守信、团结和睦、勤劳俭朴等优秀道德文化使乡村拥有丰富的德治资源。每一个地区的自然村落也有独特的物质与非物质文化遗产，包括建筑文化、美食文化、耕种文化、音乐、绘画、语言等，这些文化渗透到乡村生产、生活、审美、休闲等各方面，促进乡村社会持续发展。文化是乡村的根与魂，并不是因为对比城市而言乡村落后，才进行乡村振兴，而是因为乡村有很多城市没有的价值和功能，乡村与城市能互相补充，构成美好中国。

（四）乡村的社会价值

乡村建设关乎民生，关乎社会公平正义。收入、教育、医疗、住房、养老等问题是村民最关心、最直接的现实问题，但也体现城乡发展的不平衡。尽管村民收入在增加，根据《农村绿皮书：中国农村经济形势分析与预测（2020~2021）》的数据，城乡居民收入绝对差距和相对差距减少，但是城乡之间收入差距依旧较大。教育是农村学生实现阶层跨越最好的方式，尽管国家以"万亿"规模投入教育，但是乡村教育依旧十分艰难，乡村教师流动性大，学校数量减少，越来越多的学生选择到城市读书，城乡教育差距依然存在。城乡医疗差距同样巨大，乡村医疗设施落后，看病多在村卫生室和镇卫生院，大病只能去大城市，且大城市医疗费用、陪护人员的住宿伙食费用花费巨大，所以很多农民因病致贫，负债累累。村民在村里一般都有房产，但是房屋货币化价值不大，在急需用钱时买卖房产意义不大。多数情况下住房还是农村男子娶妻的一个硬性条件，因农村房屋货币化价值不大，女方通常要求男方在城市购买房产，收入本来就很低的农民如何在城市买房？无房则结婚更难，结果就导致农村单身青年越来越多，成为社会问题。2022年2月9日，国家发展和改革委员会社会发展司司长欧晓理在国务院新闻办公室就《"十四五"城乡社区服务体系建设规划》举行政策例行吹风会时表示，"不能让农村老年人八九十岁高龄还要自己劈柴做饭"，这句话令人温暖，也反映出农村养老痛点。随着大批青壮年进城务工经商，多是老人留在乡村，有病无人照顾，有事没人帮忙，老人养孩子小，孩子却无法养老人老。农村养老问题归根结底是城乡就业机会不均等问题，农业收入低，乡村就业机会少，青壮年作为主要劳动力只能在城市打拼维持家庭生计，因此，农村养老成为一个大难题。民生就是百姓的心声，最能反映社会公平正义也最能帮助村民获得幸福感，解决好乡村民生问题，缩小城乡之间民生差距，实现人民共同富裕，让中国人民和全世界看到中国为实现社会公平正义的意志和行动力，这也是乡村的社会价值所在。

（五）乡村的生态价值

首先，乡村拥有丰富的生态资源，包括山、水、林、田、湖、草、动物、植物、微生物等，乡村生态资源是大自然的生态宝库，既可以净化空气、防止大气污染、涵养水资源，又可以为花鸟、动物、人类提供栖息地，人与自然和谐共处，也可以为城市提供健康安全的食物和多样化的绿色产品。其次，乡村社会实现人与自然和谐相处的生活价值，村民依赖自然而生活，在长期与自然相处过程中，形成顺应自然、尊重自然、保护自然的生产习惯，养成知足、自乐的生活态度和低碳节约极简的生活方式，人们倡导"天人合一""返璞归真",追求宁静与自由,而这些在繁忙城市难以形成,城市居民被束缚在钢筋水泥建成的城市森林中,被包裹在难以填满的物质生活欲望里,在"时间就是金钱"的支配下繁忙地工作、学习,极少有机会静下心真正亲近大自然,没有时间放松心情,焦虑症、抑郁症等精神疾病在快速发展的城市化进程中也正加速侵蚀城市市民的健康。当然,传统乡村社会也不可避免地受到资本影响,村民也有极大的生存和生活压力,但是传统乡村生活中人与自然和谐相处的生产生活方式是值得提倡的。此外,乡村生态资源可以转化为经济资源和文化资源。"绿水青山就是金山银山""冰天雪地也是金山银山",随着人们的生活水平和生活要求不断提高,人们期盼饮水更健康、空气更清新、食品更安全,渴望看到诗意山水、田园风光,也期望乡村建设更美,公共设施更完善,期待可以回乡创业、返乡颐养天年,在乡村怡情养性。人们对乡村有更多元的要求,乡村在建设过程中也应该充分利用得天独厚的生态优势与关联产业相融合,将生态优势转化为经济优势,实现生态宜居、生活富裕。

第二节 乡村治理与乡村治理体系的内涵

一 治理的内涵

(一)治理内涵在国外的发展

治理在英语中为 governance,原意为控制、操纵,主要用于国家政治活动和管理活动,常与 government 即统治一词交叉使用。20 世纪 90 年代,治理被赋予新内涵,并被广泛应用于多个领域。

1. "治理"的产生

理论来源于现实,新理论的产生往往与新现实情况有关。20

世纪中后期，无论是英国的混合市场经济，德国的社会市场经济，还是日本的政府主导型经济，在各国经济发展模式中，依靠国家和市场力量解决经济社会发展中存在的问题是当时的主流观点。国家和市场外的社会"自组织"力量虽然存在，但常常被忽视。20世纪后期，越来越多的危机事件出现，在人们怀疑国家和市场力量、探索新的问题解决之道时，一些新理论、新概念被提出，也有些概念在内涵和外延上发生新变化，"治理"一词也有新释义。首次使用现代意义上"治理"一词的是世界银行，它于1989年用"治理危机"（crisis in governance）阐释非洲当时的境况。1992年世界银行又用"治理与发展"命名它的年度报告。同年，由28个有志之士以个人身份参加的全国治理委员会（Commission on Global Governance）成立。1995年也就是联合国成立50周年之际，该委员会发表《天涯成比邻——全球治理委员会的报告》，重点探讨全球治理问题。该委员会还创办一本名为《全球治理》的杂志。此后，其他国际权威组织和机构也开始频繁使用"治理"一词。1996年经济合作与发展组织（OECD）在一份项目评估报告中使用"善治"一词。同年，联合国开发计划署（UNDP）也用"人类可持续发展的治理、管理的发展和治理的分工"命名它的年度报告。1997年，联合国教科文组织（UNESCO）出台与"治理"有关的文件。"治理"一词开始广泛地应用于政治、经济、文化、社会等各个领域。

2. "治理"内涵的发展

20世纪90年代以来，"治理"作为一个时髦词语在西方经济学、政治学和管理学等学术界多个领域广泛应用。从城市治理到公司治理，由全球治理到多个领域、多种类型治理，治理引起学者们的持续关注，产生大量理论成果。如鲍勃·杰索普（Bob Jessop）的《治理的兴起及其失败的风险：以经济发展为例的论述》、詹姆斯·罗西瑙（James Rosenau）的《没有政府的治理：

世界政治中的秩序与变革》《面向本体论的全球治理》、罗伯特·罗茨（Robert A. Dahl）的《新治理：没有政府的管理》、马丁·休逊（Martin Hewson）的《走向全球治理理论》等。关于治理的内涵，学界并没有统一定义。治理理论研究权威威格里·斯托克通过对比各种治理概念总结出五种主要观点。（1）从权力中心角度看，治理意味着政府不再是国家唯一的权力中心，私人和公共机构也可以成为不同层面的权力中心。（2）从主体的责任和界限看，治理意味着国家、社会、市场、个人在处理国家经济社会发展事务时的责任和界限日益模糊化。（3）从权力关系看，治理意味着致力于集体行动的各利益组织存在权力依赖。（4）从参与者角度看，治理意味着除国家、市场外，还存在特定领域有较大影响力，并能与政府合作的自组织网络。（5）从治理方式看，治理意味着政府在公共事务管理中除运用政府权力外，还可以运用多种管理方法和技术。

随着实践和研究的深入，"治理"不断被赋予新内容，但其精髓始终如一。从学者们的研究现状看，治理主要有以下几个显著特征。一是治理主体不仅包括国家和市场，还包括个体和社会组织，治理主体多元化。二是治理主体为维护并实现共同目标走到一起，治理目标一致化。三是治理过程不再局限于自上而下的垂直管理模式，也注重平行治理中的互动与协商。通过研究，学者们发现尽管治理可以弥补国家调控和市场配置中的某些不足，但是治理也有一些局限性，治理互动的主要方式是协商，但各方对目标存在争议，在不能达成新目标时，治理就有失效的可能。如何避免治理失效、如何使治理更加有效等问题摆在理论研究和实践探索面前。对此，学者们提出"善治"目标。善治的特征就是通过调整国家、社会、个人之间的共同管理关系，做到三者最优化配置，从而实现公共利益最大化。善治是人们的期望和理想。

（二）治理概念在中国的延展

中国古代"积累了丰富的治理思想"①。"治"的本义为治水，春秋时期被广泛应用于管理国家事务，《老子》五十七章中"以正治国，以奇用兵，以无事取天下"②，《晋语八》中"君治而国安"③，《治国》中"故治国常富，而乱国必贫"④ 中"治"都有对国家事务管理之义，且将"治"与"乱"相区别，与国富、国安相统一，即井然有序、卓有成效的管理才为"治"。"理"本义与玉有关，指沿着玉器纹路切割，《说文·玉部》中有言"理，治玉也"⑤。理的含义后面演变为疆域、官职和道理三种。《春秋经传集解》中"疆，界也；理，正也"⑥，《国语集解》中"理，吏也"⑦ 和《韩非子·制分》中"故治乱之理，宜务分刑赏为急"⑧，分别阐释三种内涵。战国后期，"治"与"理"二字合并为"治理"一词，指沿着规律办事，使国家公共事务管理井然有序。西汉赵广汉因"壹切治理"而"威名流闻"⑨。后汉时期邓训因"治理有声"⑩ 而升迁。可见，治理在中国古代有褒奖之义。虽然中国古代"治理"思想产生于地主阶级占统治地位的封建社会，具有时代局限性，但其中蕴藏着中国古代政治文化

---

① 卜宪群：《中国古代"治理"探义》，《政治学研究》2018 年第 3 期，第 81～86 页。
② 朱谦之撰《老子校释》，中华书局，1984，第 229～230 页。
③ 《论语》卷 8《泰伯》，《十三经古注》九，第 1983 页。
④ 黎翔凤撰、梁运华整理《管子校注》卷 15《任法》，中华书局，2004，第 9～24 页。
⑤ （汉）许慎撰、（清）段玉裁注《说文解字注》，上海古籍出版社，1981，第 15 页。
⑥ （西晋）杜预：《春秋经传集解》卷 12《成公二年》，《十三经古注》六，第 1304 页。
⑦ 徐元诰撰，王树民、沈长云点校：《国语集解》，第 67 页。
⑧ （清）王先慎撰，钟哲点校《韩非子集解》卷 20《制分》，中华书局，1998，第 476 页。
⑨ （汉）班固：《汉书》卷 76《赵广汉传》，中华书局，1962，第 3200～3201 页。
⑩ 范晔：《后汉书》卷 16《邓寇列传》，中华书局，1965，第 617～618 页。

对"国富""国安""井然有序"的追求,有很多值得重视的积极意义。

西方现代意义上的"治理"首先被我国经济学家在企业改制、公司转型中引入"公司治理"和"公司治理结构"中。随后,相继被政治学家和社会学家采用,用于政府治理或公共治理中。但是,随着研究深化和实践深入,西方治理理论的"空洞"逐渐显现,其主张强化个人权利,削弱政府权力,鼓吹个体,强调去政府化,追求"无政府治理",这是自由主义政治思潮的反映,并不能为发展中国家提供"善治"之道。"良善"社会形成离不开国家力量扶持,在生产力发展水平还不高的情况下,国家力量弱化,形成的只能是美国式利益团体社会和印度"种性社会",显然西方治理理论与中国治理历史、治理实际也是错位的。中国共产党继承和发展马克思主义国家治理理论,强调发挥国家主导作用,也重视社会诉求,是一种更客观、更均衡、更具中国特色、更符合中国实际的治理理论,也需要在乡村治理实践中坚持和发展。

二 乡村治理内涵

学者们基于研究侧重点不同,对乡村治理内涵有不同见解。贺雪峰教授从国家和社会两个层面解读乡村治理内涵,认为中国乡村治理是指如何对中国乡村进行管理,或中国乡村如何可以自主管理,从而实现乡村社会有序发展。[1] 这一解释有两个侧重点,一是从国家层面如何进行乡村治理;二是从社会层面,乡村社会如何通过自主治理实现有序发展。党国英教授关于乡村治理的内涵重视乡村治理中国家权威和国家对公共产品自上而下的配置,他认为"乡村治理是指以乡村政府为基础的国家机构和乡村其他

---

[1] 贺雪峰:《乡村治理研究的三大主题》,《社会科学战线》2005年第1期。

权威机构给乡村社会提供公共品的活动"①。他还提出这些公共物品包括安全与秩序、教育、健康、收入等基本平等，对农业生产的基本支持，基层设施，环境保护，等等。也有学者强调乡村治理主体多元性和治理机制协同性，认为乡村治理"是多元主体对乡村社会公共事务进行协同共治的过程"②。有学者对乡村治理内涵进行延伸研究，他们认为，我国传统乡村治理以乡镇政府为中心，通过上级领导决策、技术部门规划、专家进行论证、农民负担成本（主要表现为"一事一议"和"出义务工"）的方式，将公共资源配置作为乡村硬治理的手段，乡村硬治理效率低下，农民积极性不高。而多中心治理即政府、社区管理与服务部门、私人部门和"农村第三部门"的"协同治理"，是乡村"软"治理，乡村"软"治理是乡村治理的趋势③，这一划分也主要是从治理主体视角出发。也有学者认为，乡村治理实质是村民自治。④乡村治理是一个综合的、动态的概念，学者们关于乡村治理内涵仁者见仁，但不同的内涵总结蕴含中国乡村治理的共性特点，一是国家在乡村治理中的主导性作用，二是乡村治理主体多样性，三是乡村治理对象多维度，四是乡村治理方法适宜性，五是乡村善治目标。在此，我们认为中国乡村治理是在国家主导下各治理主体以乡村为对象进行协同共治的过程，它包含谁治理、治理什么、如何治理等，也就是治理主体、治理客体、治理模式等。

（一）乡村治理主体

主体在哲学上指能主动对客体进行认识与实践活动的个体或集体。在法律上指享受一定权利与承担一定义务的个体和集体。

---

① 党国英：《我国乡村治理改革回顾与展望》，《社会科学战线》2008年第12期。
② 郭正林：《乡村治理及其制度绩效评估：学理性案例分析》，《华中师范大学学报》（人文社会科学版）2004年第4期。
③ 陈洪连、王文波：《新型乡村软治理的理论价值、实践困境与推进路径》，《新视野》2021年第2期。
④ 王长安：《转型期中国乡村治理研究》，吉林大学博士学位论文，2007。

从哲学角度看，主体性是主体最重要的属性。主体性指主体在认识和实践过程中所表现出来的主观能动性、自动自觉性，以及实践理性与自然主义情感认知，也体现主体在认识与实践活动中的能力、作用和地位。主体性在政治上表现为权力、责任和能力能动性的统一。乡村治理主体是多样的、动态变化的。乡村治理主体大体上可以分为行政型治理主体、市场型治理主体、村民型治理主体和社会型治理主体。

1. 行政型治理主体

行政型治理主体属于面向社会、服务大众、行使一定国家权力的主体，以党委统领为主线，通过国家、省、市、县、乡镇政府以及村"两委"、村干部自上而下深入乡村。中国古代乡村社会由于"皇权不下乡"，国家行政权力对乡村社会影响相对较小。新中国成立后，党通过"政党下乡""行政下乡"等在乡村建立支部的方式将乡村整合到国家体系中来。但是在乡村社会发展中，乡村社会出现基层党组织虚化、弱化、边缘化、脱嵌、悬浮等问题。因此，党在十九大报告中明确提出："坚持党对一切工作的领导。党政军民学，东西南北中，党是领导一切的"[1]。2021年4月28日，中共中央、国务院发布《关于加强基层治理体系和治理能力现代化建设的意见》，从制度上进一步确立党对基层治理的全面领导，党的全面领导在乡村治理中的作用更加明显。党是乡村治理的核心主体，党的领导利于乡村社会沿着社会主义方向前进，沿着城乡融合、共同富裕之路前行。但党不是唯一主体，在党的全面领导下，乡村治理还有多元主体，统领、统筹、协调好一核与多元主体的关系，也是党作为核心主体在乡村治理中应有的职责，且党的全面领导并不只是某一级的领导，而是存在于乡村治理的各个层级之中。

---

[1] 习近平：《决胜全面建成小康社会 夺取新时代中国特色社会主义伟大胜利》，《人民日报》2017年10月28日。

党和国家是乡村治理政策的制定者、制度的安排者和资源的分配者。党和国家非常重视乡村社会发展，1982年至1986年连续五年发布以"三农"问题为主题的中央一号文件，自2004年开始至2024年又连续21年发布以农业、农村和农民为主题的中央一号文件，内容从家庭联产承包责任制、农民增产增收到乡村振兴再到农业农村现代化。国家不断通过良好政策缩小城乡差距、保障乡村平稳有序发展。国家是乡村治理的"火车头"，国家各项政策对乡村治理的倾斜程度对于乡村发展至关重要。省、市、县政府是国家行政权力的具体执行者，是国家在地方的治理主体，因此在此不再展开讨论。乡镇是乡村治理最基础的行政层级，也是各个乡村具体事务的管理者与落实者。乡镇一头连着国家，一头连着村，是"连心桥"和"桥头堡"。作为最基础的行政机构，乡镇政府承担着落实国家制定的乡村治理政策文件、完成上级下达各项指标、传达党和国家意志、维护乡村社会稳定、保障乡村社会秩序、保障乡村社会安全、化解乡村社会矛盾、防范乡村治理风险等多项功能。作为乡村社会的连接者，乡镇政府担负着乡村产业升级、农民增产增收、乡村公共服务供给、直接联系村民、服务村民的基本职责。上面千条线，乡镇一根针。乡镇政府有上传下达和下传上达两种职责，是乡村善治的坚强保障。村"两委"是乡村治理的"领头雁"。村党支部是包括村委会在内的村级各类组织和各项工作的领导核心，其主要职责包括在村里宣传和落实党的路线、方针、政策，确保党对乡村社会的领导。村委会也就是村民自治委员会，是乡村群众性自治组织，由村民通过直接民主产生，在乡镇党委、镇政府、村党支部领导下开展决策、管理与监督工作。村干部是乡村治理各项工作具体的组织者和领导者，直接面对村民，最知晓村民需求，最了解乡村建设实际，是乡村治理的"排头兵"。

2. 市场型治理主体

市场是社会分工和商品经济发展到一定阶段的产物。市场主体是依据市场规律调节生产经营活动，以盈利为目的的社会基本经济单位。根据2021年4月14日，国务院第131次常务会议通过的《中华人民共和国市场主体登记管理条例》，我们将市场主体分为企业、公司、农民专业合作社（联合社）、个体工商户以及法律、行政法规规定的其他市场主体。在乡村社会，市场型治理主体可以分为输入性市场主体和内生性市场主体。输入性市场主体是工商业资本向乡村地区转移。工商业资本可利用品牌、管理、资金、技术形成优势互补、分工明确的产业链，促进乡村地区一、二、三产业融合，带动村民共同致富。然而，工商资本下乡过程中，乡镇政府和村"两委"可能会在主观上使政策倾向于资本，而不是倾向于乡村社会与乡村生态环境。乡村内生性市场主体主要是乡村社会本土产生的市场主体，包括乡村集体企业、农民专业合作社（联合社）、乡村私营企业和乡村个体工商户。乡村集体企业是乡镇集体或村集体投资兴办的企业，具有集体所有制性质，在实现农业现代化、带领乡村实现共同富裕、构建乡村治理共同体方面具有重要作用。内生于乡村社会的私营企业主和个体工商户与乡村社会具有强连接关系，他们成长于乡村，在乡村社会具有一定经济影响力，一般也会主动参与或介入村级领导干部竞选，以企业经济势力影响乡村治理，呈现典型的"富人治村"特点。农民专业合作社（联合社）是在家庭联产承包责任制基础上，村民自愿联合起来进行联合经营、共同管理的经济组织，如共同销售农产品、共同使用生产资料、共同使用技术服务、产供销联合等。农民专业合作社（联合社）有利于凝聚人心、整合资源，实现农业产业化和规模化经营，也有利于提高村民参与乡村治理的积极性和主动性，使村民在乡村治理中共表诉求、共建家园。

3. 村民型治理主体

何为村民？在《现代汉语词典》中村民是"乡村居民"，居民是"固定住在某一地方的人",村民就是固定居住在乡村的人,这是从城乡视角出发对村民的一般化定义。但村民与政治参与、社会福利、公共服务挂钩时,宽泛的"村民"概念不利于乡村具体选举工作和其他具体公共事务开展,村民内涵需要赋予政治特性。2000年北京市十一届人大常委会第20次会议上,委员们将当地村民界定标准定为18岁以上、有本地户口的居民和户口未迁入、常在本村居住的村民配偶。此时关于村民认定具有地域限制、年龄限制、户口限制和关系限制。而后,限制被慢慢打破。2018年修订的《中华人民共和国村民委员会组织法》列出三类可以参加村民选举的名单,第一类是户籍在本村且在本村居住的村民,也就是拥有本地户口的常住居民;第二类是户籍在本村,但不在本地居住的村民,属于外出流动人员;第三类是户籍不在本村,但在本地居住超过一年,且愿意参加选举的居民,属于外来流动人员。这种分类方法打破时空限制,符合乡村社会当前状态。第一类人群又可分为乡村"精英(能人)"、乡村普通居民和乡村弱势群体。乡村精英是在乡村社会中有一定经济优势或社会地位的群体,如受益于市场经济的富人、宗族式乡村中的族长或者长老、拥有高学历的年轻人。乡村精英一般是乡村治理的活跃力量。《中华人民共和国村民委员会组织法》提出,村民选举村委会候选人时,应该推选能从全体村民利益出发,具有一定文化和工作能力,公道正派、奉公守法、热心公益、品德良好的村民。乡村精英极易成为村委会候选人参与乡村治理。乡村普通居民是乡村社会大多数,他们大多关心关注乡村社会发展和乡村治理,关心自身利益,但是参与乡村治理的话语能力和社会影响力有限,期盼通过乡村精英反映他们的诉求。乡村弱势群体是在经济、文化、社会地位等方面处于弱势地位的群体,如乡村社会中的低收入群体、精神疾病人士、残疾人士等,他们参与乡村治理的能力相对有限,属于需要特别关注、帮扶的对象。第二类乡村外出流动人员也是乡村治理主体的重要组成部分，以往由于空间上的不在场，他们参与乡村治理的时间成本、物质成本较高，参与乡村治理流于形式。当前随着数字乡村建设步伐加快，乡村外出流动人员可以打破空间限制，通过数字赋能形式多维参与乡村治理，从而保障乡村外出流动人员的治理权。第三类外来流动人员聚集村落一般为工业、服务业、旅游业相对发达的村落，他们是介于乡村社会"主人"与"客人"之间的中间群体，是乡村建设的积极参与者。他们对村落有一定依恋和认同，也关注村落发展，乡村也应该积极吸纳他们参与乡村治理。

4. 社会型治理主体

社会型治理主体主要指积极参与乡村治理的社会组织和新乡贤。社会组织是人民为达到某些特定目标而按照一定规则建立起来的社会关系共同体。社会组织可以充实乡村治理主体，是乡村治理的重要力量之一。《乡村振兴促进法》要求支持、规范乡村社会组织发展。2022年3月1日，民政部、国家乡村振兴局联合发文动员、引导社会组织参与乡村振兴工作。社会组织类型多种多样，涉及乡村精神文明建设、治安维护、经济发展、公益慈善等多个方面，如基金会、宗族理事会、老人协会、志愿者服务协会、环保组织、乡村文明治理协会等。有的社会组织是政府行政力量通过购买服务的方式引入乡村治理，属于外部嵌入式参与，此类社会组织的组织架构完整、治理经验丰富，但可能存在"水土不服"现象。有的社会组织成长与乡村社会内部利益、乡村传统文化传承和乡村社会发展需求一致，属于内生成长式参与，此类社会组织有更强的本土适应性，但也可能存在支撑发展的人力、物力、财力资源有限，以及制度不完善等问题。

乡贤原指在本土本乡有名望、有地位、有影响力的人。随着时代发展和乡村社会流动性加强，乡贤被赋予新内容。"新乡贤"大体上可分为两类，第一类是返乡为乡村做贡献的贤达人士。例如在外为官、在外经商、求学、为教、参军等具有一定知识、眼界、技能、德行和爱乡情怀的贤人，他们为乡村社会发展和乡村治理注入新理念、新模式和新能量。第二类是内生于乡村社会，长期扎根于乡村社会并为乡村社会发展做出较大贡献的人士。第一类是社会人士对乡村社会的反哺，所以将第一类划为社会型治理主体。第二类本质上属于村民，所以将第二类划为村民型治理主体。"新乡贤"既要掌握一定知识、技能，拥有较好德行，又要了解乡村本土社会，熟知本地发展状况，并且能将本身的贤德、贤才转化为生产力和影响力，从而使乡村摆脱乡村振兴人才缺乏的困境，推动乡村社会发展。

（二）乡村治理客体

客体是与主体相对应的存在，是主体认识和实践的对象，客体可以是物也可以是行为。主体类型多样，客体类型也是多样的。从乡村治理发展纵向角度看，乡村治理课题包括治理实践的经验、治理面临的挑战、治理存在的问题和治理完善的路径。从乡村治理具体事务看，乡村治理客体主要指乡村社会客观存在的国家类事务和公共类事务。私人事务虽不完全属于乡村治理客体范围，但个体离不开国家、国家依赖于个体，个人与集体相互依存，私人事务也会影响国家事务和公共事务，无论什么事务，乡村的各项事务都需要站在历史和全局高度，从经济、政治、文化、社会、生态五个方面进行整体布局，从而实现乡村治理社会化和有效性。因此，这里从乡村经济治理、乡村政治治理、乡村文化治理、乡村社会治理和乡村生态治理等五个方面论述乡村治理客体。

1. 乡村经济治理是面向乡村经济及其相关经济关系、经济活动的治理

当然，乡村经济治理并不仅只面向乡村经济，还面向乡村经济相关活动，如城乡经济融合。乡村经济是指"乡村地域内直接

或间接从事物质生产和非物质生产经济活动的综合体,是乡村中各种经济活动和经济关系的总称"①。从生产资料所有制形式看,乡村经济包括乡村小农经济、乡村集体所有制经济、村民合作社经济和乡村私营经济。从产业类型看,乡村经济包括乡村农业经济、乡村工业经济和乡村服务业经济。从经济依托工具看,乡村经济包括乡村传统经济和乡村数字经济。当然,乡村经济治理并不仅局限于乡村地域内的经济形态,还可将城乡经济融合起来,从整体和全局视角促进城乡第一、第二、第三产业融合,生产、流通、消费融合,激活市场活力与转移剩余劳动力融合,充分整合、盘活城乡各类生产要素,使各类生产要素形成最佳组合,从而发挥融合优势,缩小城乡差距,最终实现共同富裕。由此可见,乡村经济治理对象包括乡村所有制体系、乡村产业体系、城乡融合体系等多种类型的经济活动和经济关系。乡村经济治理为乡村振兴提供坚实的物质生活基础,是最终实现共同富裕的前提。

2. 乡村政治治理是面向乡村政治活动和政治关系的治理

马克思主义认为政治的核心问题是国家政权问题。王浦劬教授将公共权力和利益作为政治核心关键词。② 乡村政治活动和政治关系是乡村地域内利益相关者运用公共权力确认、维护、保障和发展其权利的活动,以及在这一过程中形成的相互关系。乡村利益相关者从纵向看包括国家、地方、乡镇和村民,形成的权力关系为国家权力、地方权力、乡镇权力和村民自治权力之间的关系,其中地方权力与乡镇权力属于国家权力下沉,因此乡村社会权力关系从纵向看主要表现为国家权力和村民自治权力的关系。

---

① 安虎森等著《新区域经济学》(第3版),东北财经大学出版社,2015,第267页。
② 王浦劬:《公众的政府满意向政府信任的转化分析》,《政治学研究》2020年第3期。

清代以前中国乡村政治治理基本上可以用"皇权不下县"概括，国家权力只下沉到县一级。新中国成立后，为实现现代国家的构建和发展，国家权力逐步向乡村延伸，徐勇教授用"行政下乡"概括国家对乡村的社会整合。① 作为社会总体利益代表，党通过国家权力机关将国家意志贯彻到乡村社会，也通过国家权力机关保障和维护村民自治权力。村民自治权力机构在维护村民合法权益的同时也自下而上向党和国家传达村民需求，使党和国家能倾听村民声音、维护村民利益。如此良性循环方能实现国家权力和村民自治权力的良性互动。从横向看，乡村社会利益相关者是复杂的，有村民、社会组织、企业、乡贤等，村民也会分化为"精英"、普通村民和弱势群体。如何通过共同权力平衡和维护各类利益相关者的关系也是乡村政治治理的重点。

3. 乡村文化治理是面向乡村文化活动和文化关系的治理

乡村文化活动和文化关系治理并非随意且杂乱无章，而是围绕人们的需求和国家社会的需要展开。社会物质条件日益丰富，村民精神需要和文化需求更加具体化、多样化，既希望审美、求知、理想、尊重等精神方面需求能够逐步实现，又希望能获取更加多元、多样的文化产品和服务。因此，乡村社会文化供给应以村民日益增加的精神需要和文化需求为中心，提供更多的文化服务场所、更完善的文化交流平台、更全面的文化产业体系和更多样的社会文化形态，使村民能够徜徉在文化海洋中。但乡村文化供给并非顺其自然，而是要有坚定的文化立场和明确的治理目标，在文化供给中始终坚持马克思主义对乡村文化的指导地位，坚持社会主义核心价值观对乡村文化的引导作用，坚持用好主流文化阵地，牢牢把握文化发展的社会主义方向。但是，坚定文化立场、明确文化方向并不等于忽视其他文化，而是要做到博采众

---

① 徐勇：《"政党下乡"：现代国家对乡土的整合》，《学术月刊》2007年第8期。

长、兼收并蓄,提炼各个时期、各个领域的文化要素,让社会主义文化、中华优秀传统文化和一些积极、健康、向上的大众文化在乡村社会茁壮成长,同时抵制腐朽落后的封建文化和消费主义文化,构建充满活力、晴朗明亮的乡村文化场域。有条件的地方可打造乡村文化治理品牌,塑造乡村文化新形象,以文传声,讲好乡村文化故事,为乡村文化"走出去"做牵引。

4. 乡村社会治理是面向乡村社会活动和社会关系的治理

民生是乡村社会活动关注的重点,实现民生需要在社会关系中形成社会治理共同体。民生与村民生存和发展密切相关,衣食住行、养老、教育、就医、就业、安全、公平等现实问题是村民最关心、最直接的利益问题,直接关涉村民幸福感、获得感和安全感。"民生无小事",开展以民生为重点的乡村社会治理工作时应倾听民生声音、看见民生难题、回应民生关切、解决民生问题。广开言路,打通倾听渠道,设置倾听平台,主动深入村民中,让村民的声音通过各种渠道得以表达。聚焦民生难题,不畏难、不惧难,分析每一类民生难题产生原因,弄清楚是制度原因、历史原因,还是其他原因,下定决心一项一项地啃"硬骨头"。积极回应村民的现实关切,民生问题关涉千万家,关系每一人,关乎每个村民利益实现,积极为村民办好事,点亮村民对民生的新期盼。解决民生问题是乡村社会治理的落脚点。民生问题无小事,对村民合理的民生关切应尽力而为,具体问题具体解决,不能推诿刁难,也不能"一刀切"。民生问题解决也不可能一蹴而就,要量力而行,不能急功冒进,解决问题具有阶段性特点,在不同时期解决不同难题。民生问题既关涉个人利益,又反映集体意愿,其有效解决需要乡村社会共建社会治理共同体,共同治理民生难题,共享民生成果,实现乡村社会治理和谐有序。

5. 乡村生态治理是面向乡村生态活动和生态关系的治理

乡村社会是空间上融合生产、生活、生态于一体的整体。生态活动与生产生活活动既相互对立又相互依存，共存于乡村社会中，在一定条件下互惠互利、共融共赢。从对立面看，村民为获得更多的生产经营性收入，可能会乱砍滥伐，随意捕捞打猎，为减少生活开支，可能会乱丢乱弃、随意排放，乡村企业也可能会为追求利润，肆意污染环境，不顾村民生命安全和资源环境可持续。从统一面看，不顾及生态环境的生产生活活动最终会导致生态恶化、环境污染，人民生存环境受到威胁，难有长久维持的定力。所以，只有生产生活活动与生态活动共融共赢才能激发生产、生活、生态内部各要素的活力，实现乡村经济高质量发展、村民生活幸福美好、乡村社会美丽怡人的良性统一。现在的生态治理既是对过去生态治理的经验总结和教训反思，又契合村民现在美好生态环境需要，也为未来积累生态财富。乡村生态治理刻不容缓、势在必行。习近平总书记的"两山论"为乡村生态治理指明了方向，从 2005 年提出至今，"两山论"也彰显出其强大的引领力和持续的生命力。

（三）乡村治理模式

模式是理论与实践、主体与客体之间链接的中间环节，具有普遍性、可操作性、可重复性、可推广性等特征。现代乡村治理主要模式包括自治、德治、法治三种模式。随着实践深入和研究拓展，智治也成为一种现代化乡村治理模式。

村民自治是家庭联产承包责任制兴起后，在国家民主实践中产生并发展的一种中国特色社会主义民主形式。村民自治权力机构是村民会议和村民代表大会，其主要工作机构是村民委员会和村民小组，主要形式是民主选举、民主决策、民主管理和民主监督，即村民通过村民会议或村民代表大会平等地、公开地直接选举村领导者，通过直接参与或间接影响的方式对村公共事务进行决策，通过村规民约和国家法律、规章制度参与村各项事务管理。村民自发监督选举领导者的行为，村领导者自觉公开村中公共事务管理细节,进行自我监督与教育。民主是村民自治的统一规范性原则,但是在村民自治实施过程中,民主表现形式多种多样,村民自治运作类型与方式也各有不同,由于乡村经济、政治、文化、社会等环境因素的影响,村民自治的效果不仅取决于规章制度的完善程度,还取决于自治模式是否符合当地的历史、文化、自然等各类环境。村民自治离不开党的领导,只有毫不动摇地坚持党的领导,充分发挥村级党组织纽带作用,才能保障村民自治权利,才能保障乡村民主有效运转,才能使村民自治沿着正确方向前行,维护国家与村民关系,做到村民利益合法维护和国家意志上传下达。村民自治是中国特色社会主义民主的表现形式之一,村民依法维护自身合法权益,依法办理相关事务,依法参与本村公共事务管理。村民自治组织的最高权力机构是村民会议,会议要么由本村半数以上的年满18岁的村民参加,要么由本村2/3以上的户代表参加。

德治主张从道德方面感化人、教化人,使人心良善、知荣辱,无奸邪之心,主张使社会公德、职业道德、家庭美德、个人品德成为人们普遍认同和自觉遵守的行为规范。德治是乡村社会传统治理模式。从周代乡饮酒礼到汉代察举制再到宋明乡约制,从《尚书》中"以德配天",孔子"为政以德"、孟子"以德服人"、荀子"君子以德,小人以力"、董仲舒"天道之大者在阴阳,阳为德,阴为刑,刑主杀而德主生"[1] 到宋代理学诸子"三纲八目",都表明德治思想在中国有深厚的文化根基,在传统乡村社会有丰富的实践经验。德治是乡村社会治理传统优势,渗透于乡村治理文化肌理中,在当代乡村社会治理中依然不可或缺。当前,抓好乡村德治可从文化挖掘、制度约束、教育引导三个方向入手。深入挖掘地方优秀德治资源,结合社会主义核心价值

---

[1] 陈虎主编《汉书·董仲舒传》,吉林大学出版社,2021。

观,通过家族传承、家风建设、乡村故事等方式丰富村民精神文化生活。做好制度约束,划出乡风习俗、公共道德的条条框框,形成村规民约中的红黑榜,在乡村讲文明、树新风。广泛开展乡村道德建设教育活动,定期开展"最美家庭""文明家庭""道德模范"等活动,树立乡村良好道德典型,利用村务公开栏、小喇叭、乡村微信群等方式传播乡村道德正能量,激励村民尊老爱幼、邻里和睦、向上向美。

法治强调法律至上、依法治村、依法办事、权利保障与权力制约。礼治是乡村社会的传统,每个人懂礼、守礼是社会良好运行的表现。诉讼是不懂礼、不守规矩的表现,没有诉讼是儒家追求的理想状态。孔子在《论语·颜渊》中提出,"听讼,吾犹人也,必也使无讼乎?"说明孔子希望使民无讼,人们和谐相处。费孝通也在《乡土中国》中将乡村社会描述为"无讼社会",他认为法律可在城市正常运行,但是在乡村社会,"讼师"就是"搬弄是非"之人,打官司就是破坏规矩。[1] 由此可见,法治在传统乡村社会根基较为薄弱。现代乡村社会需要法治引导农民知法、懂法、守法、用法,通过法律保障自己在乡村治理中的主体地位,依靠法律保护自己人身安全、财产安全、接受教育等各方面的机会和权利。现代社会也需要法治协调和调整乡村社会内部村民与村民、村民与组织、村民与村干部、村民与乡村企业之间的分配关系和利益纠葛,从而保障和维护社会公平正义和乡村社会和谐秩序。同样乡村社会需要法治维护村民正当利益,依法打击黄赌毒黑拐骗等各类违法犯罪活动,为乡村建设与发展保驾护航。因此,2020年3月,中央全面依法治国委员会印发《关于加强法治乡村建设的意见》,其中明确提出法治乡村建设,并将2035年法治乡村社会基本建成作为建设主要目标。

---

[1] 费孝通:《乡土中国》,中华书局,2013,第63~73页。

智治是互联网、大数据、云计算、人工智能等现代科学技术在乡村社会广泛应用，并嵌入乡村治理体系中的一种治理模式。智治基础是数字乡村建设，包括宽带、互联网等网络全覆盖，水利、公路、电力等基础设施数字化转型，智慧农业广泛发展，农民数字技术与技能提升，"互联网+教育""互联网+医疗"等惠民服务深化开展。智治的基本特征是精准智控和整体智治。精准智控即精准化和智能化控制，可大大提高乡村治理的精准化和高效化。以乡村防疫为例，在疫情常态化背景下，疫情防控也是乡村治理重要内容之一，通过微信、QQ等社交平台以及其他疫情防控平台实现快速统计，疫情防控精准到每一个个体，从而最有效控制疫情。整体智治是指乡村治理中，治理主体打破政务服务碎片化现状，在明确责任与边界基础上，实现信息资源共享，通过智能化技术实现跨区域、跨层级、跨部门的协同治理，也是在协调内部关系基础上的整体性输出，快速满足村民利益与需求。例如，疫情暴发期间如何快速让乡村危重病人得到救治，这就需要搭建整体智治平台，将村民、村干部、交通管制部门、卫生管理部门都纳入平台中，并建立快速联动机制。智治根本目的在于为人民服务，不可将智能化手段悬浮于乡村社会之上，成为面子工程和形象工程，也不可忽视处于"信息孤岛""治理鸿沟""智治"盲区的村庄和个人。

三 乡村治理体系的内涵

体系是一定范围内或同类事物按照一定的秩序或者关系组合成的整体。体系内部相互联系、相互依存，形成一定的规律性关系。2019年4月15日出台的《中共中央 国务院关于建立健全城乡融合发展体制机制和政策体系的意见》确立2022年乡村治理体系不断健全，2035年乡村治理体系不断完善，基本实现农业农村现代化的目标。体系是一个大系统，内含多个小系统，小系统之间、大系统与外界之间相互联系。乡村治理包含乡村治理主体、乡村治理客体、乡村治理方式等多方面内容，每个内容构成乡村治理的小体系，小体系内部又形成更小的体系，多个小体系整合成乡村治理大体系。在此，我们按照治理的各类特性对乡村治理体系进行分类。

（一）以治理主体进行分类的乡村治理体系

随着乡村社会发展多样化，乡村社会主体更加多元化，包括行政型主体、市场型主体、社会型主体和村民型主体。各类治理主体处于动态变化中，随着实践发展，会不断有新主体出现，各类主体的出现缓解了因为主体单一而造成行政管理过严过紧、束缚乡村发展活力的困境。但是各类主体如何在党的领导下协同治理，哪些主体在乡村治理中发挥主要作用，哪些主体发挥次要作用，如何链接各类主体，是构建治理体系面临的首要问题。主体的不同构成形式使乡村治理的治理类型、治理效果也不尽相同，一般会形成行政主导型治理体系、村庄主导型治理体系、市场主导型治理体系和无序型治理体系。行政主导型治理体系一般因乡村自组织能力较弱而使乡镇行政介入，乡村对乡镇财政依赖度高，村干部能较主动地完成乡镇事务，例如对国家财政高度依赖的国家级贫困县。村庄主导型治理体系一般由村庄自组织能力很强、有名望的村民自愿提供村干部，积极维护村民利益，例如宗族乡村。市场主导型治理体系指市场在乡村社会治理中起决定性作用的体系。一些经济条件较好的乡村产业也比较发达，发家致富的经济能人当选为支部书记，其他经济能人也成为村"两委"成员，经济因素成为乡村政治治理中最重要的因素。无序型治理体系一般指弱乡弱村，无能人、无资源、无优秀治理传统的"两弱三无乡村"，乡镇无法给予乡村发展足够的财政支持，乡村自组织能力差，村民对当村干部意愿不高，乡村没有经济能人、政治能人或有其他资源的能人，乡村地理位置一般未靠近城市也无开发机会，自然资源不多、无特色且一直较分散，没有能将村民凝聚起来的优势资源。由此可见，尽管理论上乡村治理主体多样化，但在实践中由于乡村自身特点不同，各乡村治理类型不同，随之呈现的治理体系也会不同。

(二) 以乡村治理客体进行分类的乡村治理体系

乡村治理客体是乡村治理对象。乡村治理客体从整体上包括经济、政治、文化、社会、生态和党的建设六个方面，构建党领导下的乡村经济、政治、文化、社会、生态治理体系。党对乡村治理的领导包括党对乡村治理领导的全面性和集中统一性。党的领导应落实于乡村治理各个环节、各个方面和各个领域。党对乡村治理的集中统一性将各类组织、各种力量集中在党组织周围，心往一处想，劲往一处使，凝聚强大合力发展乡村各项事业，促使乡村发展"蹄疾步稳"。经济是基础，乡村治理在经济方面的重点是产业兴旺。调整农业供给侧结构和产业结构，融合第一二三产业发展，促进小农户和现代农业衔接，提高农业生产效率和生产质量，使农产品的质量、品种、数量契合消费者要求，实现生产者与消费者一体化协同，缓解农产品供应不足和供过于求的结构性矛盾。政治是关键，乡村治理在政治方面的重点是理顺乡村各类权力关系。国家、乡镇、基层党组织、村"两委"、各类能人、企业、社会组织、党员、普通农民、弱势群体、灰色势力等与乡村治理密切相关的组织和个体在乡村社会中的权利、义务、责任如何分配，权力如何运行等，是乡村政治治理的核心。文化是引领，乡村治理在文化方面的重点是理顺乡村各类思想，培育和塑造现代乡村治理的精神内核。乡村优秀传统文化、科技文化、社会主义先进文化、封建糟粕文化、消费主义文化等各种文化在乡村社会混合糅杂，创造性吸收乡村优秀传统文化、传播社会主义先进文化，抵御各类糟粕文化，构建乡村文化底蕴和精神底色是乡村文化治理重点。社会建设关乎民生，乡村治理在社会建设方面的重点是积极回应民生，在发展中保障和改善民生。村民在吃饱、穿暖、住好、行便、安康、公正、秩序等方面的现实利益要求是乡村社会治理核心。生态是乡村治理的保障。乡村治理在生态方面的重点是理顺乡村社会生产、生活与生态关系，使村民在物质富裕、精神富足的同时能享受美丽的生态环境，转变生态理念。在生产生活中注重生态环境保护，挖掘生态优势，将生态优势转化为生产优势，实现乡村社会生产、生活、生态的最优化结构是乡村生态治理核心。

（三）以乡村治理模式进行分类的乡村治理体系

当前，以乡村治理模式进行分类的乡村治理体系是学界研究热点。"三治融合"乡村治理体系在党的十九大之后成为最常见的乡村治理体系研究。随着研究的深入与扩展，也有学者提出"四治融合"，即自治、法治、德治与智治相结合。无论是"三治融合"还是"四治融合"都属于国家与社会互构关系的调整。国家通过向乡村社会授权方式激发乡村内生治理资源活力，强化乡村社会对国家的认同与支持。同时，"四治融合"由"治民"改为"民治"也是为了多层次、多领域保障民心、民需、民利。自治、法治、德治、智治并不是简单叠加，"四治融合"应该远远大于单一治理模式，或者两两配对的治理效果。在乡村社会治理体系中，"四治"关系如何？谁占比重最多，谁占比重最少，怎样配比才是乡村治理体系中最优配比方式？这要结合乡村历史、文化特点、乡村经济社会发展现状和国家社会要求分析，不同类型与特点的村庄融合方式要做一定调整。但是，融合并不是随意融合，而是在厘清融合主体、融合规则、融合工具基础上，对各要素和整体流程进行全面梳理，以治理有效性为目标，构建"四治融合"路径。

以上是按照治理主体、治理客体、治理模式等进行的乡村治理体系的分类方法，同时，我们也可以将这些分门别类整合成一个大治理体系,使乡村治理更加多元、全面、有效。

第三节 党组织领导乡村治理体系的研究现状与研究方法

一 党组织领导乡村治理体系的研究现状

乡村是我国重要组成部分。乡村治理有效性直接关涉国家治理有效性,乡村治理现代化直接影响国家治理现代化目标的实现。学术界对乡村治理进行积极探索。有学者从主体视角探索乡村治理,有学者从客体视角探索,也有学者从模式视角探索。这些探索利于乡村治理体系化构建。体系表明系统内各要素间相互作用、相互影响的关系。体系化首先是提炼要素,其次将各零散要素按照一定规律进行分类,使其条理化,再次找出各要素间的内在结构、因果联系和运行规律,最后将体系内探索出的规律用于实践,并在实践中不断完善和发展体系。

党的十九大以前,乡村治理体系研究主要集中于人民公社治理体系和"乡政村治"治理体系。李广认为,"1950年代以合作化运动起始而建构的人民公社治理体系"和"1980年代以家庭联产承包责任制起始而建构的'乡政村治'治理体系"是新中国成立以后乡村治理体系的两次重大转型。[1] 人民公社治理是"政社合一"的治理模式。而"乡政村治"是"国家的基层政权建立在乡镇一级,乡镇以下实行村民自治"[2] 的治理格局。党的十九大以后乡村治理体系研究成为乡村研究热点。党的十九大报告提出"自治、法治、德治相结合的乡村治理体系",党的十九届四中全

---

[1] 李广:《从"运动"到"试点":新中国乡村治理体系建构中的政治传播模式比较研究》,《理论与改革》2007年第3期。
[2] 徐勇:《论中国农村"乡政村治"治理格局的稳定与完善》,《社会科学研究》1997年第5期。

会又重申治理体系这一重要议题。"三治融合"乡村治理体系是我国新时代对乡村治理理论的重大创新。学界对乡村治理体系的研究分为两个方面。一是"三治融合"治理体系的内部系统结构,二是乡村治理体系的整体性构建与拓展性研究。概括起来为"三治融合"乡村治理体系是什么,与外部关系怎样,如何进一步发展和完善。

(一)"三治融合"乡村治理体系的内部结构

"三治融合"乡村治理体系使乡村治理具有系统性、整体性特点。"自治""法治""德治"一直都是人类社会进行社会管理、政治管理的重要手段,关于它们的内涵与关系既是极具现实意义的实践话题,也是重要的理论话题。"三治融合"乡村治理体系最初起源于桐乡 2013 年开始的实践活动,在桐乡实践中产生 1+1+1>3 的效果,后逐步在全国推广,党的十九大报告总结的"三治融合"乡村治理体系不仅是对桐乡经验的肯定,也为乡村治理指明体系化、系统化发展方向。作为学术回应,学者们对"三治融合"乡村治理体系研究主要集中于"三治"的功能和地位,"三治"结合的组合方式,自治、德治、法治在"三治融合"治理体系中如何发挥作用等方面。

1. "三治融合"乡村治理体系中"三治"的功能和地位

"三治融合"作为一个总体性、体系化治理模式,自治、法治、德治三者在体系中有何不同功能和地位,是学者们关心的基本问题。《乡村振兴战略规划(2018—2022 年)》明确提出"坚持自治为基、法治为本、德治为先",学者们也多认为三者一体、相辅相成,至于在相辅相成中三者功能和地位有何不同,学者们有以下三种不同观点。(1)平行并列式。平行并列式平行列出三者在功能上的差异,但三者没有核心、主次之分。林星等认为构建乡村治理体系其核心在于"以自治增活力、以法治强保障、以德治扬正气",其目标是治理有效。① 龙文军则主张从民主、现代化、文化视角分述自治、法治与德治,认为"自治是实行社会主义民主的基本要求,法治是建设社会主义现代化的基本要求,德治是传承中国传统文化的基本要求"②。他们都概述自治、法治、德治功能,但并没有明确区分三者在功能上的重要程度。(2)一体两翼式。强调三者的不可分割性,同时明确主次,尤其是自治在乡村治理体系中的核心和本体作用。何阳、孙萍明确提出"自治、法治和德治的关系应当理解为一体两翼",自治是主体、法治是保障、德治是辅助。③ 从而说明三者在功能上并非并列而是有主次之分。(3)冲突论。大部分学者都认同前两种观点,其研究也是在三者和谐统一视角下展开,但也有学者从三者冲突视角拓宽我们的研究视野。杨开峰认为,我们应该实事求是地考虑三者关系,因为三者相互结合的同时也存在相互冲突和相互制约。④ 高青莲、于书伟认为三者相对独立,在结合过程中会有关系运行不畅的情况,包括"自治行政化、法治人治化和德治空虚化"等内部张力。⑤ 可见,虽然推进三者和谐共促是乡村善治基本要求,但是"三治"在实际结合中定会存在冲突和矛盾,正视矛盾、缓解冲突,也是乡村治理体系化构建需解决的现实问题。

2. "三治结合"治理体系中"三治"如何组合

乡村治理中,自治、法治、德治三者谁在治理体系中所占份额多,谁占份额少,"三治"之间如何组合才能减少冲突、实现

---

① 林星、吴春梅、黄祖辉:《新时代"三治结合"乡村治理体系的目标、原则与路径》,《南京农业大学学报》(社会科学版)2021年第2期。
② 龙文军:《构建自治、法治、德治相结合的乡村治理体系》,《农村工作通讯》2017年第22期。
③ 何阳、孙萍:《"三治合一"乡村治理体系建设的逻辑理路》,《西南民族大学学报》(人文社科版)2018年第6期。
④ 杨开峰:《桐乡"三治"实践的解读》,《党政视野》2016年第7期。
⑤ 高青莲、于书伟:《"三治合一"乡村治理体系的逻辑演绎与实现机理》,《学习论坛》2020年第11期。

善治,学者们给出两种不同观点。(1)无数个组合模式。认为三者可以按照适宜性组成无数个功能不同的治理模式。持这一观点的代表性学者是邓大才,他认为三者可以按照不同强度、不同功能,"形成无数的治理方式、无数的治理体系及无数的善治类型"。他也强调治理模式在实践中的适宜性,也就是"在实践中不应该追求'最优善治''最佳善治',而应该追求'最适宜的善治'"①。(2)以自治为重点的组合模式。这类观点将自治作为本体和核心,认为本体类型不同情况下组合形式也不同。黄君录、何云庵依据乡村自治特点,将乡村分为四种不同类型,分别为"经济发达的聚合型乡村、经济欠发达的聚合型乡村、经济发达的离散型乡村、经济欠发达的离散型乡村",并指出自治类型不同,乡村类型也不同,那么"三治"结合在具体策略和范式上也应该存在差异,② 由此可见,自治是"三治"结合策略的主要影响因素。

3. 自治、法治、德治在"三治融合"乡村治理体系中的作用

除从总体上论述"三治融合"体系之外,也有较多学者分门别类论述自治、法治、德治如何在"三治融合"治理体系中发挥作用。

(1)"自治"在乡村社会治理体系中的地位和实现路径

中国乡村有"自治"传统基因,传统乡村社会中皇权止于县,县以下实行"乡绅自治",温铁军将这一现象称为"皇权不下县"。费孝通则称之为"双轨政治"。中华人民共和国成立后,国家政权不断下沉,国家政权渗透到乡村的每一个角落。改革开放后,"乡政村治"开始实行,村民自治渐趋形成,并成为乡村

---

① 邓大才:《走向善治之路:自治、法治与德治的选择与组合——以乡村治理体系为研究对象》,《社会科学研究》2018年第4期。
② 黄君录、何云庵:《新时代乡村治理体系建构的逻辑、模式与路径——基于自治、法治、德治相结合的视角》,《江海学刊》2019年第4期。

治理主要模式之一。但是，在城镇化不断发展过程中，大量乡村人口流向城市，乡村"空心化"现象严重，在国内外不确定因素剧烈冲击下，乡村事务面临更多不确定性和风险，村民自治因为村民主体水平不高，参与能力有限，遭遇严重的现实困境，有学者甚至宣称"自治已死"①。桐乡经验和党的十九大报告肯定了自治作用，对于新时代如何进一步发挥自治在乡村治理体系中的作用，学者们纷纷出谋划策。仝志辉从村集体经济组织和村委会关系视角分析问题，他认为，村集体经济组织能为村民自治提供财力支撑，所以村集体经济组织和村委会不应该分设。② 黄佳民、张照新提出重视农民专业合作社的作用。③ 季丽新则提出要防止"富人当选村干部后大权独揽、以权谋私"。④

（2）"法治"在乡村社会治理体系中的地位与实现路径

当代中国乡村社会发生剧烈变化，人员、资源、信息流动加快，乡村社会各类矛盾呈现新特点，乡村治理中可预见的矛盾愈发难以预料，这就需要法治规范乡村社会，引导村民形成用法律维护自身权益、化解身边矛盾的意识。但是因为乡村法治体系存在立法、执法、守法等诸多方面不完善，"法治"在乡村治理体系中也陷入弱化、虚化、边缘化困境。因此，徐婧从健全法律体系、提高乡村治理主体法治能力、加强乡村法治文化建设等角度提出强化"法治"的进路。⑤ 崔玲玲也从社会

---

① 汤玉权、徐勇：《回归自治：村民自治的新发展与新问题》，《社会科学研究》2015年第6期。
② 仝志辉：《村委会和村集体经济组织应否分设——基于健全乡村治理体系的分析》，《华南师范大学学报》（社会科学版）2018年第6期。
③ 黄佳民、张照新：《农民专业合作社在乡村治理体系中的定位与实践角色》，《中国农业资源与区划》2019年第4期。
④ 季丽新：《"三治合一"乡村治理体系下的"富人治村"现象分析》，《行政论坛》2020年第1期。
⑤ 徐婧：《"三治融合"乡村治理体系的"法治"进路》，《华中农业大学学报》（社会科学版）2022年第1期。

矛盾纠纷解决角度提出在乡村法治中重塑人民调解制度的重要性。①

（3）"德治"在乡村治理体系中的地位与实现路径

德治是中国古代就有的治国理论，在民风淳朴的乡村社会，村民世世代代以内心道德准绳维持乡村社会良好秩序，是我国传统治理优势之一，在乡村治理体系中有不可替代的重要作用。学者们也都认同德治在乡村治理中的作用，但德治在现代社会遭遇一些困境。如李元勋、李魁铭提出，新时代乡村道德遭遇严重挑战，"乡村传统文化体系逐渐消融解体、意识形态呈现分散化趋势、乡村道德不同程度滑坡"②。如何解决这些难题？高艳芳、黄永林提出要重视村规民约的德治功能③，池建华提出充分发挥道德"红黑榜"的作用④。吴青熹则认为党建引领下的"三治融合"可以使中国传统乡村伦理以德治方式嵌入乡村治理体系中，从而提升德治整体水平⑤。

总而言之，现有"三治融合"内部结构研究关于自治、法治、德治在乡村治理体系中的功能地位、现实困境、解决方案以及融合方式都有涉猎，但是总体研究还略显零散，需要在体系化、系统化和深度融合上继续做文章。

（二）"三治融合"乡村治理体系的拓展性研究

"三治融合"乡村治理体系内部主体是"三治"，再和谐完美

---

① 崔玲玲：《人民调解制度与现代乡村治理体系之契合》，《西北大学学报》（哲学社会科学版）2021年第2期。
② 李元勋、李魁铭：《德治视角下健全新时代乡村治理体系的思考》，《新疆师范大学学报》（哲学社会科学版）2019年第2期。
③ 高艳芳、黄永林：《论村规民约的德治功能及其当代价值——以建立"三治结合"的乡村治理体系为视角》，《社会主义研究》2019年第2期。
④ 池建华：《道德"红黑榜"与"三治结合"乡村治理体系的健全》，《农业经济问题》2019年第9期。
⑤ 吴青熹：《乡村治理体系现代化与乡土伦理的重建》，《伦理学研究》2021年第6期。

的内部体系也要应对复杂多变的外部问题,在外部环境不断变化发展过程中,理论研究也在不断深入,学界关于乡村治理体系的研究不再局限于"三治融合"治理体系,而是对其进行拓展性研究,并取得一些理论成果。

1. 互联网技术、数字技术+"三治融合"乡村治理体系

当前,乡村社会正经历两个剧烈的变化。一是乡村社会由传统封闭、单一走向开放、流动,且较城镇化发展初期而言,开放性和流动性更强。不仅大量村民从乡村走向城市,成为城镇化的一员,也有部分市民从城市走向乡村,成为逆城镇化的一员。城镇化与逆城镇化共生共存可促进城乡同发展、共繁荣,但也会加剧乡村人口流动性和业态变化性。二是互联网技术、数字技术正加速向乡村地区渗透和延伸,村民无论在本地还是在外地都可以通过手机、电脑等工具了解乡村公共事务进展、办理自身事务,也可以通过手机依托一定平台表达诉求。互联网数字技术明显改变了村民的生产生活方式。互联网数字技术同样能赋能乡村治理,乡村治理也需要数字化转型。因此,学者们关于互联网数字技术与"三治融合"乡村治理体系也有一些研究。何阳、汤志伟提出"互联网驱动的'三治合一'乡村治理体系网络化建设",认为在将乡村公共事务从现实场地转移到网络虚拟平台过程中,应"制定乡村网络治理行为规则,构建乡村网络治理考评体系"[1]。赵早则直接明确表达乡村治理需要"向开放式、协同性、精准性和前瞻性的数字治理模式转型",并提出要构建数字乡村治理体系。[2] 江维国、胡敏、李立清则从乡村治理体系现代化视角分析数字技术对乡村治理体系赋能,并指出可以通过加强数据

---

[1] 何阳、汤志伟:《互联网驱动的"三治合一"乡村治理体系网络化建设》,《中国行政管理》2019年第11期。

[2] 赵早:《乡村治理模式转型与数字乡村治理体系构建》,《领导科学》2020年第14期。

标准化体系构建、提升决策者数字素养和加快农业数字化设施建设促进乡村治理现代化。①

2. 关于乡村治理体系整体性研究

虽然关于"三治融合"乡村治理体系的研究也属于乡村治理整体性研究，但学者们的研究大多侧重于自治、法治、德治三者如何在治理体系中发挥作用，以及三者之间的关系，从整体性、体系化视角研究乡村治理体系的成果不多。周学馨、李龙亮认为"三治融合"推动乡村治理体系整体性变革，但还需"实现治理实践从碎片性向总体性转变、治理内容从局部性向全面性转变、治理手段从传统性向现代性转变"②。他们的研究虽然还是以"三治"为重要内容，但已经突破碎片化视角，关注到了乡村治理体系整体化变革。高其才认为"三治融合"乡村治理体系，应当"从治理体系、治理方式、治理功能、治理体制、治理重点、治理目标等方面理解和把握其构成要素"③，尽管研究主题是"三治融合"治理体系，但已经跳出"三治"视角，转向治理视角，从治理的各因素把握乡村治理体系的整体性。高强明确指出我国"形成了多层次、立体式的乡村治理体系"，并从治理现代化视角阐述乡村治理体系的整体性，认为"推进乡村治理体系和治理能力现代化，需要做到治理目标精准化、治理主体多元化、治理方式多样化、公共服务均等化、权利保障法治化"④。敖翔直接从体系化视角论述乡村治理体系，他认为，"以强健的治理体系化之'体'来引领多元的乡村社会生活之'系'的过程，就是实现乡

---

① 江维国、胡敏、李立清：《数字化技术促进乡村治理体系现代化建设研究》，《电子政务》2021 年第 7 期。
② 周学馨、李龙亮：《以"三治"结合推动乡村治理体系整体性变革》，《探索》2019 年第 4 期。
③ 高其才：《健全"三治结合"的乡村治理体系：发展历程、价值目标、现实挑战、制度完善》，《扬州大学学报》（人文社会科学版）2021 年第 3 期。
④ 高强：《健全现代乡村治理体系的实践探索与路径选择》，《改革》2019 年第 12 期。

村治理体系化的过程。体系化成为新时期乡村治理的新方向新要求"①。胡宝珍、欧渊华、刘静则创新性地提出"五治融合"乡村治理体系，他们在自治、法治、德治"三治融合"基础上加入"智治"和"政治"，并从整体性治理论视角阐述"五治融合"的可行性与实践路径。②

由此可见，学界关于乡村治理体系的研究更加立体、多元。从"桐乡经验"到"三治融合"乡村治理体系，从"五治融合"到"乡村治理体系化"再到"乡村治理体系整体性"，学界关于乡村治理体系的研究不断扩展深化，为本书的研究积累了丰富理论成果。但是，正如前文所说，乡村治理体系不仅包括以乡村治理模式进行分类的治理体系，也包括以乡村治理主体、乡村治理客体分类的治理体系，目前研究主要集中于"三治融合"治理体系，即以治理模式进行分类的治理体系，对治理主体、治理客体研究以分散化分析为主，甚少有学者从体系化视角研究乡村治理客体和乡村治理主体，因篇幅有限，本书主要从治理客体视角研究党组织领导的乡村治理体系。

二 本书的研究方法

研究方法是分析和认识研究对象的工具，本书以健全党组织领导下的乡村治理体系为研究对象，注重整体与部分、宏观与微观、历史与现实、理论与实践的有机统一，在研究过程中具体采用以下研究方法。

（一）文献分析法

笔者通过查阅学术著作、期刊论文、学位论文、会议文件、档案材料、报纸、杂志等文献资料，了解并梳理国内外关于党组

---

① 敖翔：《论新时期乡村治理"体系化"》，《农业经济》2022年第2期。
② 胡宝珍、欧渊华、刘静：《新时代"五治融合"乡村治理体系之建构——基于福建乡村治理实践的考察》，《东南学术》2022年第2期。

织领导的乡村治理体系研究成果，掌握国内外研究现状，最终确定以治理客体为研究乡村治理体系的切入点，在研究过程中始终注重多类型文献资料的收集与整理，积累研究素材，开阔研究视野。

（二）系统研究法

本书将系统研究法作为贯穿始终的研究方法。党领导的乡村治理体系从外部看处于乡村治理这一系统中，从内部看又可分为治理主体、治理客体、治理模式等若干小系统，小系统内部又由若干要素组成，每类要素有不同功能，要素与要素之间不同组合方式又会影响乡村治理效果。通过系统研究法，从整体和全局出发，综合考虑乡村治理体系内各要素特点，最终选择党领导乡村治理体系的最优化路径。

（三）历史分析法

本书通过历史分析法梳理建党以来党领导乡村治理的历史过程，以及不同历史时期党关于乡村治理思想的延续与变化，在客观阐述每一个历史阶段党对乡村治理实际情况的基础上做出合乎逻辑的理论分析。

（四）比较研究法

党组织领导的乡村治理体系内外部各类要素既相互区别又相互联系，比较研究法不仅可以更好地理解不同要素的特点和规律，也利于找出各要素间的关联。因此，本书通过比较研究法分析党组织领导的乡村治理体系各要素的异同。

（五）田野调查法

学术研究既要"顶天"也要"立地"，党组织领导的乡村治理体系研究既是理论问题，也是实践问题，理论研究也要为实践服务。为了解党领导乡村治理体系实际运行状态，笔者深入田间地头，走访农民、乡镇干部和乡村其他治理主体，以聊天谈心、参观访谈等形式获得关于研究对象的最真实资料。

(六) 案例研究法

本书在田野调查基础上，分别从东部、中部、西部各选取一个村庄作为案例分析对象，为理论分析和实践探讨提供材料支撑。案例选择并没有追求典型性和代表性，而是强调乡村治理体系构建中乡村类型的复杂性与多样性。为避免就事论事，本书将案例置于乡村治理宏观背景中，使案例与理论相互映照。

第二章

中国共产党成立后的乡村建设理论

第一节 中国共产党成立及社会主义革命和建设时期的乡村建设理论

一 以"耕者有其田"为目标的乡村探索理论

新民主主义革命时期,中国共产党从成立起就肩负重要的历史使命,其中之一就是反封建,要摧毁封建制度根基,要努力实现"耕者有其田"的目标。作为一个农业大国,能否团结广大农民群体、有效组织广大农民在中国共产党的领导下进行反帝反封建斗争,是新民主主义革命时期中国共产党始终重视的问题。要真正得到农民的支持和拥护,就必须认识到、看清楚农民问题的实质,就是农村土地问题。只有在土地问题上想清楚、弄明白,把农民利益放到心上,才能提高农民反封建的积极性。陈独秀曾提出要将"生产工具包括土地收归社会公有,社会公用"[①]。党的

---

① 中共中央党校党史教研室选编《中共党史参考资料》(二),人民出版社,1979,第159页。

一大通过的中国共产党纲领规定"无产阶级政党要以社会主义革命为自己政策的主要目的,要消灭资本家私有制,没收机器、土地、厂房和半成品等生产资料,归社会公有"①。党的二大召开后则提出"没收军阀官僚的财产,将他们的田地分给贫苦农民"②。随着日军全面侵华,日本帝国主义与中华民族的矛盾急剧上升成为主要矛盾,这种情况下,毛泽东等中国共产党人及时分析判断,对农村土地政策做出适时调整。1936年,《中央关于土地政策的指示》文件发布,其中专门对地主阶级的一系列状况进行逐项分析,并有针对性地调整政策,小地主的土地不没收,大中地主的土地对照富农的政策处理。随着局势变化,为巩固抗日民族统一战线,党对之前实行的关于土地的相关政策及时进行有必要的调整和变动,主要是对地主阶级实行比较宽松的减租减息土地政策。

1940年,毛泽东分析认为:"这个共和国将采取某种必要的方式,没收地主的土地,分配给无地和少地的农民,实行中山先生'耕者有其田'的口号,扫除农村中的封建关系,把土地变为农民的私产。"③随后围绕着"耕者有其田"的号召,中国共产党领导广大人民广泛开展土地改革,制定《中国土地法大纲》,到1950年制定《中华人民共和国土地改革法》,提出实行农民的土地所有制,至此最终实现"耕者有其田"的目标。

二 "政社合一"背景下乡村治理整合理论

在中国共产党的带领下,土地改革稳步推进,新中国百废待兴的国民经济开始触底反弹、逐步恢复和快速发展。经济的良好

---

① 《中共中央文件选集(1921-1925)》(第一册),中共中央党校出版社,1989,第5~6页。
② 《中共中央文件选集(1921-1925)》(第一册),中共中央党校出版社,1989,第45页。
③ 《毛泽东选集》(第2卷),人民出版社,1991,第678页。

发展为新生国家政权巩固提供稳定环境和条件。在一切向好的环境下，随着工业发展和工业化推进，农业领域还是呈现发展不足状态，个体私有的农业生产发展模式难以满足需要，而在之前农民土地所有制下，个体观念、个人意识较为凸显，视野局限、自给自足，集体观念不强，缺乏参与集体事务的积极性和主动性，存在守好自己一亩三分地的思想。与此同时，农民有了自己的土地后，由于出现新变化新情况，伴随产生新问题，即阶层分化问题，土地多的农民和土地少的农民之间产生新的贫富差距，这成为当时的关键问题之一，也及时得到党的重视。通过对这一问题深入分析，中国共产党提出通过互助组、合作社方式加以应对。在这一提法从思想转化为政策措施并落实到农村后，我国农业生产方式逐渐转变为集体生产。这一过程并非一蹴而就，整个过程经历互助合作、初级社、统一经营的高级社再到人民公社阶段，特别需要注意，在人民公社阶段，由于缺乏经验，对出现的新情况新问题不能及时有效地调整和完善，产生许多弊端和问题。比如在开展集体生产时不计成本，农民觉得都是公家的，浪费损失严重，不懂得节约珍惜，再如对农业生产，单纯讲求大家一起上，只是人员数量上的要求，没有就农民生产效率、质量等进行检查监管，时常出现浑水摸鱼情况，尤其是随着人民公社化运动深入推进，广大农民普遍发现并利用人民公社漏洞，"假干活""磨洋工"现象十分普遍。造成这种问题的原因就在于将集体劳动简化为平均主义，忽略按劳分配的重要性，片面强调生产关系的调整，没有对当时我国所处阶段和生产力发展水平进行准确把握，造成对社会主义、共产主义的"超前"认知，理论和实践出现错位。这是由于年轻的党在探索发展过程中对出现的问题未能及时有效解决，在这期间农民生活没有得到改善，加之客观因素造成的"懒惰"问题，农民生产积极性和主动性没有得到明显提升。

第二节 改革开放背景下的乡村治理理论

以邓小平为主要代表的中国共产党人开始积极顺应时代发展所需，解放思想、实事求是，总结过去的经验教训，果断将工作重心转向经济建设，及时调整工作方向，凝聚全党全体人民，努力投身于改革开放中，他们关注城市发展，更关心农村工作，关怀农民生活质量和水平，推动了农村发展。

一 邓小平关于农村改革发展的理论

以邓小平为主要代表的中国共产党人高度重视农村各项工作，从诸多方面大力探索和推进乡村领域改革，在改革中进一步深化对乡村治理的认识和把握。

一是强化以家庭为单位，全面实行家庭联产承包责任制。在人民公社化运动后期，各种问题频频出现，各种弊端相继浮现，农民的积极性、主动性受到极大挫伤，人民想要实现生活质量提高和"口袋"富裕的愿望越来越遥远。在现实面前，面对这一系列困难党中央必须做出改变。因此就出现了解决上述问题的可能措施，实践证明真正能够适应中国农村实际和解决实际问题的就是家庭联产承包责任制。邓小平同志曾指出，"我们总的方向是发展集体经济。实现包产到户的地方，经济的主体现在也还是生产队。这些地方将来会怎样呢？可以肯定，只要生产发展了，农村的社会分工的商品经济发展了，低水平的集体化就会发展到高水平的集体化，集体经济不巩固的也会巩固起来。关键是发展生产力，要在这方面为集体化的进一步发展创造条件"①。1982年1月1日，中共中央批转《全国农村工作会议纪要》。1983年进一

---

① 《邓小平文选》（第2卷），人民出版社，1994，第315~316页。

步提出"联产承包制采取了统一经营与分散经营相结合的原则,使集体优越性和个人积极性同时得到发挥……必将使农业社会主义合作化的具体道路更加符合我国的实际"[①]。随后不久,"到1984年底,实行联产承包责任制的生产队已经占全部生产队的99.5%,其中实行大包干的生产队又占实行联产承包责任制生产队的98.3%"[②]。

二是"两次飞跃"思想。以家庭为单位,农户作为独立实体的家庭联产承包责任人,在人民公社化运动后期,对解决因主客观因素产生的突出问题发挥了巨大作用,但是新事物的出现总会伴随新情况新矛盾,只有在不断解决矛盾过程中才能实现螺旋式上升和波浪式前进。面对农村改革应该向何处去、现有制度如何完善和创新问题,邓小平同志明确指出,"中国社会主义农业的改革与发展,从长远的观点看,要有两个飞跃。第一个飞跃,是废除人民公社,实行家庭联产承包责任制。第二个飞跃,是适应科学种田和生产社会化的需要,发展适度规模经营,发展集体经济"[③]。

三是支持乡镇企业思想。我国在改革开放浪潮中奋力前行,经济取得良好发展,其中乡镇企业也在党和国家利好政策扶持下实现快速发展。这一时期党中央提出"要逐步提高社队企业的收入占公社三级经济收入的比重,凡是符合经济合理的原则,宜于农村加工的农副产品,要逐渐由社队企业加工。国家对社队企业,按不同情况,实行低税或免税政策"[④]。"乡镇企业很重要,要发展,要提高。"[⑤] 在党和国家利好政策和措施的支持与号召

[①] 《邓小平文选》(第2卷),人民出版社,1994,第388页。
[②] 黄道霞主编《建国以来农业合作化史料汇编》,中共党史出版社,1992,第1390页。
[③] 《邓小平文选》(第3卷),人民出版社,1993,第355页。
[④] 《中华人民共和国国家农业委员会办公厅.农业集体化重要文件汇编(1958-1981年)》(下),中共中央党校出版社,1981,第996页。
[⑤] 《邓小平文选》(第3卷),人民出版社,1993,第355页。

下,乡镇企业如雨后春笋般建立起来,并在各行各业得到政策大力支持,作为我国经济发展的重要补充,配合党和国家的经济政策和发展策略,实现我国经济快速发展,也让广大农民能够更好就业,获得更多收入。

四是先富带后富思想。在改革开放时期,邓小平曾指出:"农村改革的内容总的说就是搞责任制,抛弃吃大锅饭的办法,调动农民的积极性。"① 调动积极性就必须先破除阻碍农民积极性的因素和问题,从过去经验看,主要是应正确认识并破除平均主义,"我们坚持走社会主义道路,根本目标是实现共同富裕,然而平均发展是不可能的。过去搞平均主义,吃大锅饭实际上是共同落后,共同贫穷。改革首先要打破平均主义,打破大锅饭,现在看来这个路子是对的"②。

五是城乡协调发展思想。城市和乡村"分而治之"是国家很长时期内实行的措施,即为了城市及工业发展,政策出现一定倾斜,使农村地区缺少政策支持,发展缓慢,广大农民也因此利益受损,农业发展难以快速迈向现代化。正是由此产生的鲜活实践经历,让我们充分认识和了解到城乡必须协调,必须要融合,只有这样才能实现充分发展。基于上述现实和思考,邓小平同志就有了与之匹配的重要思想,他从中国国情出发,认识到农业与工业关系密切、相互影响。随着改革开放的深入,邓小平同志高度强调要重视农村改革,"中国有百分之八十的人口在农村,中国社会是不是安定,中国经济能不能发展,首先要看农村能不能发展,农民生活是不是好起来"③。应该允许和鼓励城乡协调发展,先富带动后富的过程也是逐步实现城乡协调的动态过程。

---

① 《邓小平文选》(第3卷),人民出版社,1993,第117页。
② 《邓小平文选》(第3卷),人民出版社,1993,第155~157页。
③ 《邓小平文选》(第3卷),人民出版社,1993,第77~78页。

二 江泽民关于农村治理的理论

20世纪末,广大农村地区受各类主客观因素影响,在乡村治理、发展和农民生活等方面都出现一些状况,对党中央主动应对、找准问题提出要求,这就需要党中央对这些情况及时研判,"对症下药"解决矛盾,从而保证中国农村各项改革进程平稳安定。对此,党和国家对当时农村发展所面临的新情况、新问题进行认真研究、深入分析,做出有利于农业发展的决定,那就是坚持和完善农村双层经营体制。在此期间,党的十五大提出"依法治国"思想,在基层领域进一步加快治农、促农进程。一是关于加强农业基础地位的理论。中国人口居于世界人口排名前列,但人均耕地面积不足世界平均水平的40%,这是我国的基本国情。"农民收入和购买力上不去,扩大内需的方针就难以真正落实,经济发展出现的好形势也难以保持。"[①] 正因为中国现实如此,因此必须正视问题,立足人口众多、农村地区广大的实际,把农业发展、农村发展放在更基础、更重要的地位,用更坚决的努力和信心夯实我国经济发展基础。二是关于农村经济体制改革理论。江泽民在党的十四大上曾强调,要"深化农村经济体制和经营机制的改革"[②]。改革是对正确政策措施的继承和发展,不能推翻过去正确决策,不能否定前人探索经验,因此农村改革要不忘来时的路,要把以农户为独立个体的家庭联产承包责任制继续坚持下去,要在农村地区长期实施这项制度,必须毫不动摇地执行,只有在遇到新阶段新问题时,再进行灵活调整。"实践看,家庭经营再加上社会化服务,能够容纳不同水平的农业生产力,既适应

---

① 中共中央文献研究室编《十五大以来重要文献选编》(中),人民出版社,2001,第1463页。
② 中共中央文献研究室编《十一届三中全会以来党的历次全国代表大会中央全会重要文件选编》(下),中央文献出版社,1997,第175页。

传统农业,也适应现代农业,具有广泛的适应性和旺盛的生命力,不存在生产力水平提高以后就要改变家庭承包经营的问题。"① 三是关于城乡关系协调发展理念。这一时期党中央审时度势,精准地提出要"统筹城乡经济社会发展,建设现代农业,发展农村经济,增加农民收入,是全面建设小康社会的重大任务"②。自这一时期开始,党和国家对小城镇发展给予高度重视。除推进小城镇建设,对城乡协调发展的另一个重要地区——农村发展也不能忽视,必须重视、保护农村发展,要认识到"农业是社会效益大而比较效益低的产业,必须通过国家宏观调控加以扶持和保护"③。随着市场经济深入推进,党和国家更加关注农业、农村发展,关注农民生活水平,从短板入手,实现良性发展、健康发展。在此过程中,关于怎样对农业发展进行积极有效的扶持、保护,党和国家应根据实际变化采取多种新办法、新策略,即加强短板建设,缩小城乡差距,实现协调发展。四是关于农村基层民主政治建设思想。党的十五大首次提出"实行民主选举、民主决策、民主管理和民主监督,保障人民依法享有广泛的权利和自由"④。这一提法在理论结合实践上,为真正实现人民当家作主提供新思路和参考。1998 年新修订的《村民委员会组织法》,从制度上为村民自治提供全新保障。村民自治体现民主,是要让广大村民获得和享受应有的权利,如果失去了民主,那么社会主义也就不会存在,也不会有社会主义发展,更不会有社会主义现代化建设。随着政策进一步落实,基层民主建设走向系统化和全

---

① 中共中央文献研究室编《十五大以来重要文献选编》(上),人民出版社,2000,第 530 页。
② 《江泽民文选》(第 3 卷),人民出版社,2006,第 546 页。
③ 中共中央文献研究室编《江泽民论有中国特色社会主义〈专题摘编〉》,中央文献出版社,2002,第 129 页。
④ 中共中央文献研究室编《十五大以来重要文献选编》(上),人民出版社,2000,第 31 页。

面化，广大农民应更加支持并积极参与基层民主选举，农村基层治理能力和水平不断提升。

三 科学发展观指导下的新农村建设相关理论

党的十七大正式将基层群众自治制度作为我国一项基本政治制度，丰富中国特色社会主义制度体系。中国共产党深化乡村治理水平、领导农村实现发展有了新成绩。

一是对"三农"各方面情况和问题高度重视和正确对待理论。新时期中国经济社会发展开始提速，人民生活面貌出现新变化。但将视角放在农村地区，现实是"三农"问题依然是大问题，面对严峻形势，"解决好农业、农村、农民问题，事关全面建设小康社会大局，必须始终作为全党工作的重中之重"[1]。想要乡村治理取得良好成效，农业、农村、农民问题就必须加以解决，而且要采用行之有效的策略。同时为全面建设小康社会，也躲不过、避不开对"三农"问题的关注和解决。解决"三农"问题，要对我国"三农"现状有整体把握，必须要看到我国农业发展层次比较低，发展不平衡问题凸显，以及我国人口众多特别是农村人口多的客观现实，这就决定党和国家在解决这一问题上必须有清晰的认识和把握，做长期解决和战斗的准备。"没有农民的小康就没有全国人民的小康，没有农村的现代化就没有国家的现代化。我们必须从这样的高度来认识问题，更加重视农业、农村和农民问题，自觉把全面建设小康社会的工作重点放在农村"[2]。作为中国最广大地域的存在，农村的稳定安全关乎整个国家的稳定安全，关乎全体人民生活的稳定安全。因此，"三农"问题是党

---

[1] 胡锦涛：《高举中国特色社会主义伟大旗帜，为夺取全面建设小康社会新胜利而奋斗》，《人民日报》2007年10月25日。

[2] 中共中央文献研究室编《十六大以来重要文献选编》（上），中央文献出版社，2005，第129页。

在新的历史条件下的机遇和挑战，必须长期关注并逐步解决。

二是关于城乡经济统筹发展理论。城乡统筹是应对"三农"问题的新方略，要努力寻求解决城乡发展的梗阻和盲点，破除障碍，推动城乡协调发展。"必须正确处理工业和农业、城市和农村、城镇居民和农民的关系，加大以工促农、以城带乡的力度，使稳妥推进城镇化和扎实推进社会主义新农村建设成为我国现代化进程的双轮驱动，从而逐步解决城乡二元结构矛盾"[①]。必须要立足于中国国情，一切从实际出发，坚持走中国特色农业现代化道路，要建立促进城乡经济社会发展一体化制度，推动农村经济社会又好又快发展。

三是关于"两个趋向"理论。推动农业农村发展，还需要考虑到与工业间的关系，要处理好在此过程中可能的和必要的问题。"纵观一些工业化国家发展的历程，在工业化初始阶段，农业支持工业、为工业提供积累是带有普遍性的趋向；但在工业化达到相当程度以后，工业反哺农业、城市支持农村，实现工业与农业、城市与农村协调发展，也是带有普遍性的趋向。"[②] 以上述观点分析当时我国面临的一系列需要解决的问题，也就有更多能够推进城乡协调发展的方法策略。"两个趋向"指导我们推进农村税费改革、配套系列政策措施，切实做到确保改革后农民负担明显减轻、不会反弹，确保农村义务教育经费不会因此紧缺或不足，妥善有效地处理好农民公平负担问题，积极探索化解债务实施方案。缩小城乡差距还要在符合党中央方针的前提下扩大公共财政支出。中央通过财政安排，不断增加支持优农惠农政策制度，加大资金和技术投入，搭建有利于农业发展、农村发展的基础平台，为农民收入增加提供更多利好条件。

---

① 中共中央文献研究室编《十七大以来重要文献选编》（上），中央文献出版社，2009，第79页。
② 《中共十六届四中全会在京举行》，《人民日报》2004年9月20日。

四是关于建设社会主义新农村理论。一种理论的形成不是一蹴而就,一定经历一段扎实的发展完善过程。面对当时国内外环境,我国乡村治理和农村发展具体实际,中共中央第十六届五中全会上便提出要建设社会主义新农村这一重大命题和重点任务。随着这一思想的推进和落地,党中央在基层举办各种研讨班,用实际行动证明关乎广大农民乃至全体人民的幸福生活要通过一定时期的努力才能落地落实,不能急于求成,党中央对此也有清晰的认识。2007年党的十七大对建设社会主义新农村提出更高要求,肯定了新农村建设所处的重要地位、发挥的重要作用。经过一系列理论深化和政策落实,在党中央的努力和全体人民支持下,政策一项项落地,农民负担逐渐减轻,新农村建设取得明显效果,证明党的决策的正确性。

五是关于中国特色农业现代化理论。从人民公社到新农村建设,中国共产党一直在努力探索具有中国特色的农村事业发展道路,农业大国是我们的实际,顺应实际制定政策必然是我们正确的选择。党的十七大提出,"走中国特色农业现代化道路,是顺应世界农业发展普遍规律、立足我国国情的必然选择,是统筹城乡发展、协调推进工业化和城镇化的必然要求,是建设社会主义新农村、促进农业可持续发展的必由之路"①。这条必由之路我们非走不可,不走不能解决现实问题,必须立足我国基本国情,把促进农民持续增收作为工作重点,要加快传统农业改造,逐步实现农业现代化。实现农业自身良好发展,对建设现代农业、提高农业发展的质量和效益提出迫切要求,我国农业已经到转变发展方式的重要关口。这一系列思想和举措,进一步丰富和发展了新时期党和国家乡村治理与乡村建设思想体系,对于应对"三农"问题意义重大。

---

① 胡锦涛:《高举中国特色社会主义伟大旗帜,为夺取全面建设小康社会新胜利而奋斗》,《人民日报》2007年10月25日。

第三节 新时代中国共产党乡村治理理论

一 美丽乡村建设

党的十八大以来,以习近平同志为核心的党中央审时度势、高屋建瓴,深刻洞察新时代新形势,进一步丰富和发展中国共产党乡村治理理论。强化美丽乡村建设。党的十八大以来,习近平总书记就美丽乡村建设提出一系列重要论述,强调"小康不小康,关键看老乡",在美丽乡村建设过程中要注意乡村自然生态保护等。美丽乡村建设和美丽中国建设是一个统一整体,因此美丽乡村要注意的一些理念和美丽中国的要求相统一。要把美丽乡村建设好,乡村文化方面要注意农村物质文明和精神文明的结合,要时刻注意以农民为中心,为广大农民服务,要注意生态环境保护,推动农村生态环境更加美丽和谐。要营造美丽的居住环境,留住农村美好风貌,实现村容整体整洁干净,让农村成为记忆中的最美好模样,绝对不能把美丽乡村停留在概念层面,必须扎扎实实地做,加大基础设施建设,正视东西部地区差距,还要特别关注到西部地区的农村。

二 关于促进现代农业发展理论

习近平总书记在 2013 年中央农村工作会议上讲话,认为现在农业的现代化已经落后,在推进"四化"的步调中成为负担,必须采取所有可行的办法补上这块"短板"。中国要美,农村必须美;中国要富,农民必须富。保障农产品质量安全是实现农业现代化的重要目标之一。习近平总书记经历了当年陕北梁家河大队党支部书记到河北正定县委书记、福建厦门市副市长、福建宁德地委书记、福建省委副书记、浙江省委书记、上海市委书记等基层和地方工作丰富的历练，与"三农"结下了不解之缘，形成了对"三农"的深厚情怀，进行了解决"三农"问题的创新性探索与实践。党的十八大以来，习近平总书记站在中华民族复兴和治国理政的历史高度，对"三农"工作进行更加系统的谋划，汇成了一系列"三农"发展的新理念、新思路、新战略，这些重要论点、论断、论述内涵丰富，体系完整，系统阐述了解决中国"三农"问题的重大意义、指导思想、战略路径、发展动力、关键支撑、工作方法等重要内容，是中国新时期"三农"认识论、实践论、方法论的创新和有机统一，是我们党改革开放以来推动"三农"改革发展实践的理论结晶，是中国特色社会主义"三农"理论的最新成果，是习近平新时代中国特色社会主义思想的重要组成部分，开辟了中国"三农"发展的新境界，为新时代中国"三农"问题的解决，提供了理论指南和根本遵循。以人为本谋"三农"是"三农"发展的民本指向。"三农"问题的核心是农民，这是总结新中国成立以来正反两方面经验教训得到的科学结论。习近平同志在2004年4月浙江省农村工作会议上明确提出把"以人为本谋'三农'"①作为新时期"三农"工作的指导思想。这种"以人为本谋'三农'"民本指向的新观点的提出，对新时代"三农"工作起到了重要的引领指导作用，是马克思主义"人是生产力中最活跃的因素"和实现"人的自由而全面发展"思想的基本遵循。习近平同志强调以人为本谋"三农"，把我们党一切为了群众，一切依靠群众的工作路线贯穿于"三农"工作的各个方面；就是要明确"三农"问题的核心是农民问题，农民问题的核心是增进利益和保障权益问题；就是要把切实提高农民素质、实现人的全面发展，作为"三农"工作的根本出发点和落脚点，实现好、维护好、发展好农民的物质利益和民主权利，不断

---

① 习近平：《要跳出"三农"抓"三农"》，载《之江新语》，浙江出版联合集团、浙江人民出版社，2007，第43页。

增强农民群众的自我发展能力。① 这体现了"三农"发展目的是农民、"三农"发展必须依靠农民、"三农"发展成果由农民共享的重要观点。

三 关于全面建成小康社会理论

习近平 2012 年在广东考察时讲:"没有农村的全面小康和欠发达地区的全面小康,就没有全国的全面小康。"② 全面小康在于党中央的坚强领导,在于全体人民的共同努力,特别是对部分偏远或不发达地区的发展问题必须予以高度重视,切实提出有效举措,解决短板问题,让那里的人民迎头赶上大部队,整体推进同奔小康。以习近平同志为核心的党中央面对严峻复杂的挑战,全面部署、稳步推进,实现全面建成小康社会的奋斗目标,历史性地解决绝对贫困问题,向着第二个百年奋斗目标大踏步前进。

四 关于促进农地制度改革理论

农村改革特别要注意对土地的重视,农村发展离不开土地,农业进步也离不开土地。党的十八大以来,以习近平同志为核心的党中央面对农村发展出现的新形势、新情况、新问题,及时应对、坚强领导、攻坚克难、团结协作,紧紧抓住农村土地制度改革,形成新时代重要思想,明确提出"三权分置"的新土地改革方案,着手破解农村土地碎片化的难题。顺应农民保留土地承包权、流转土地经营权的意愿,实现承包权和经营权分置并行。倡导创建以本地农民为主体的本地农业生产方式。各地在创新农业经营体系时不能忽视普通农户,要关心支持他们的发展。

---

① 习近平:《要跳出"三农"抓"三农"》,载《之江新语》,浙江出版联合集团、浙江人民出版社,2007,第 100~107 页。
② 《增强改革的系统性整体性协同性 做到改革不停顿开放不止步》,《人民日报》2012 年 12 月 12 日。

五 关于城乡融合发展

进入新时代,"人民日益增长的美好生活需要和不平衡不充分的发展之间的矛盾"① 为党和国家所重视,并依据矛盾解决国家现实问题。城乡融合是城乡发展的重要方向。城乡间发展不平衡是最需要关注的不平衡,农业农村发展不充分是最需应对的不充分。城与乡是人类生产生活的两大空间载体。在现代化进程中,我国城乡关系政策经历三次转变,强化县城综合服务能力,是落实落细城乡融合发展的重要遵循,以县域为载体和重要切入点具有内在驱动力,同时,注重将产业链向县域经济延伸,吸引各类人才返乡入乡创业。党在十九大报告中指出"要进一步健全城乡融合发展的体制机制和政策体系,实行乡村振兴战略"②。2021年中央农村工作会议指出,要把县域作为城乡融合发展重要切入点,强化县城综合服务能力。面向未来,在推进城乡融合道路上,要赋予县域更充分权利,从而更好激发抓实"三农"工作的积极性、主动性和创造性。

六 关于乡村振兴理论

党的十九大首次提出乡村振兴战略,明确要"坚持农业农村优先发展,按照产业兴旺、生态宜居、乡风文明、治理有效、生活富裕的总要求,建立健全城乡融合发展体制机制和政策体系,加快推进农业农村现代化"③。乡村振兴战略是实现我国农业农村现代化的重大决策部署,习近平总书记在2020年12月中央农村

---

① 习近平:《决胜全面建成小康社会,夺取新时代中国特色社会主义伟大胜利》,《人民日报》2017年10月28日。
② 习近平:《决胜全面建成小康社会,夺取新时代中国特色社会主义伟大胜利》,《人民日报》2017年10月28日。
③ 习近平:《决胜全面建成小康社会,夺取新时代中国特色社会主义伟大胜利》,《人民日报》2017年10月28日。

工作会议上强调,"脱贫攻坚取得胜利后,要全面推进乡村振兴,这是'三农'工作重心的历史性转移"。脱贫攻坚完成后,乡村振兴就被提到新的历史高度,必须要像重视脱贫工作一样,持续开展对乡村工作的指导和推进,持续关注广大乡村地区特别是欠发达地区农民生活水平,建立动态监测机制,持续将"人民至上"理念落实到乡村振兴过程中,落实到对脱贫地区经济发展支持和农民支持上。要依托农业农村自身优势,特别是自然资源优势,开展具有地方特色的乡村产业发展,推动乡村产业振兴。以习近平同志为核心的党中央持续在"三农"问题解决上投入大量人力、物力、财力,持续推进农村物质文明和精神文明建设,不断完善乡村振兴政策体系、制度体系,推动乡村治理深度融合。在基层党组织领导下,开展乡村自治、法治、德治、智治,全面提升乡村治理水平,实现乡村全面振兴,推动农业农村现代化。2023年中央一号文件指出发展新型农村集体经济重点是农村产权制度改革的下半篇文章。巩固拓展改革成果,既要抓好运行机制的完善也要探索多样化发展途径,同时要健全农村集体资产监管体系,充分保障集体成员的知情权、参与权、经营权。以"新型农村集体经济"改革赋能农业现代化,要加快农村集体产权制度的建设,通过明确产权关系,实现资产权益流转,升华农村集体产权制度改革,重点是完善农村集体资产股份权能,加快探索农村集体资产权益流转模式,使农村集体经济"活"起来。此外,要深化农村集体经营性建设用地入市试点,完善土地增值收益分配机制,增强改革系统性。

第三章
构建党组织领导下的乡村治理体系

体系是一定范围内按照一定的秩序或者一定的规律相互关联组合而成的有一定功能的整体,它们是按照一定的资源、目标、技能混合起来的"长期联合体"[①]。乡村治理体系以乡村治理为关联对象,与城市治理体系相区别。体系包括系统、结构和层次,表现为"块"状系统、"条"状层次。党领导下的乡村治理体系作为一个整体,"块"状系统指党领导下的乡村经济治理系统、乡村政治治理系统、乡村社会治理系统、乡村文化治理系统和乡村生态治理系统。"条"状层次包括治理历史、治理主体、治理客体、治理介体(方法、手段)等要素。"块"状系统与"条"状层次如何融合才能达到价值最优化,还需要进行系统分析。

第一节 中国共产党对乡村治理领导的形成与发展

马克思在《路易·波拿巴的雾月十八日》中曾经将19世纪中叶法国农民比喻为"一袋马铃薯",他指出"小农人数众多,他们

---

① 〔德〕哈贝马斯:《公共领域的结构转型》,曹卫东等译,学林出版社,1999,第43页。

的生活条件相同，但是彼此间并没有发生多种多样的关系。……就像一袋马铃薯是由袋中的一个个马铃薯汇集而成的那样"①。中国古代乡村以自给自足的小农经济为主，以家庭为单位进行生产、生活，家庭与家庭，尤其是家族与家族之间经济往来和社会联系相对较少，户是当时乡村最基本的行政单位，"只要乡村社会遵守国家意志，政府一般不直接干预乡村生活"②。所以中国古代乡村社会呈现"一盘散沙"状态。政党一词源于拉丁文，来自动词"partire"，意为"分开"，原与派别同义，指政治上有相同利益或相同观点的政治集团。后来，政党指以执掌或参与国家政权为目的的，代表一定阶级、阶层、集团利益的政治组织。法国学者迪韦尔热将政党分为两种类型，一种为内生党，即因议会或选举斗争而产生的政党，西方资产阶级政党大多是内生党；另一种是外生党，即在立法机构之外形成的政党，这类政党大多是某种思想与某种阶级力量结合的产物。马克思主义政党就是马克思主义与无产阶级相结合的政党。马克思主义政党对中国农村而言属于外来物，中国共产党是如何在农村一步步确立领导地位的呢？

一 在根据地建立党组织，开创了党对农村地区的领导

中国共产党与乡村社会的融合起源于革命需要。党的一大的成功召开标志着中国共产党的诞生，党的一大纲领也明确提出"消灭资本家私有制"，推翻资产阶级政权。中国共产党成立之初力量薄弱，若想扩大自身影响力，成为群众性组织，就"必须把自己的组织扩展到农村地区"③。当时中国农民占大多数，没有农民支持中国共产党不可能取得革命的胜利，中国共产党需要将分

---

① 《马克思恩格斯文集》（第2卷），人民出版社，2009，第566~567页。
② 徐勇：《县政、乡派、村治：乡村治理的结构性转换》，《江苏社会科学》2002年第2期。
③ 〔美〕塞缪尔·P.亨廷顿：《变化社会中的政治秩序》，王冠华、刘为等译，生活·读书·新知三联书店，1989，第402页。

散化的农民组织起来，动员他们积极参与革命。所以，党的一大提出"要把工人、农民和士兵组织起来"①。1923 年，党的三大通过《农民问题决议案》，在议案中明确指出农民占当时总人口的 70%以上，国民革命如果没有农民参与就很难成功。② 这表明在国民革命中农民的重要性。中国共产党早期领导人李大钊十分重视将农民群众组织到革命中来，认为如果能将广大农民群众组织起来，"中国革命的成功就不远了"③。李大钊还指导弓仲韬建立中国农村第一个党支部"中共安平县台城特别支部"。

农民人数众多、成分复杂，革命应该团结哪些农民呢？毛泽东同志给出了答案。1925 年，毛泽东在《中国社会各阶级的分析》中将农民分为自耕农、半自耕农和贫农。自耕农属于小资产阶级，半自耕农和贫农是半无产阶级，他们占农村的极大部分，"所谓农民问题，主要就是他们的问题"④。这里的他们是指半自耕农和贫农。毛泽东认为，从革命性看，贫农优于半自耕农，半自耕农优于自耕农。因此，为扩大革命辐射范围，中国共产党领导人民建立以贫农为核心的农民协会。

党对农村地区的领导在曲折中前进。1927 年党内对农民运动予以指责和责难，出现以陈独秀为首的右倾机会主义，他们为迁就国民党而想抛弃农民这个革命同盟军。为应对这些责难，毛泽东到湖南进行了 32 天考察，写成《湖南农民运动考察报告》一文，在文章中他肯定了农民协会在领导农民打倒土豪劣绅、推翻地主武装、建立农民武装、推翻封建"政权、族权、神权、夫权"、普及三民主义和推翻三座大山的政治宣传、普及教育等多个方面"成就了多年未成就的革命事业"。第一次大革命失败后，党在总

---

① 中国革命博物馆编《中国共产党党章汇编》，人民出版社，1979，第 2 页。
② 中国革命博物馆编《中国共产党党章汇编》，人民出版社，1979，第 255 页。
③ 李大钊：《李大钊文集》（下），人民出版社，1984，第 834 页。
④ 《毛泽东选集》（第 1 卷），人民出版社，2006，第 6 页。

结经验基础上提出应该在农村建立革命根据地,走农村包围城市的革命道路。因为这时候的工作重心转移到农村,农民党员也随之占较大比例。在农村建立支部、发展农民协会、建立农民革命根据地、工作重心转移到农村、提高农村党员数量、进行土地革命等措施为党对农村的领导奠定经济基础、思想基础和组织基础。

二　党组织向全国延伸,扩大党对农村地区领导的覆盖面

中国共产党与乡村的融合发展于国家建设的需要。新中国成立初期,党在新解放区建立的组织并不充分,与老解放区存在一定差距。当时老解放区的党员发展"一般地已达到了人口的3%至5%,还有若干县份甚至达到7%~10%"[1],新解放区因为解放时间不长,政权不稳固、特敌多、党员人数和支部数量相对较少。为巩固政权,必须对新区进行改造,扩大党组织覆盖面。因此,中共中央农村工作部和中央在1954年5月全国农村会议中指出,新区没有党员或党员少的乡"均应在社会主义改造运动中积极发展党员,建立支部"[2],从而扩大支部在农村地区的覆盖面和影响力。

农业合作化运动推动党的组织建设。农业社会主义改造即指农业合作化运动。1949~1956年是农业合作化运动进行的主要时期,1956年农村社会主义改造基本实现,以生产资料私有制为基础的农村个体私有经济转变为以生产资料公有制为基础的农村集体经济。为更好地让党组织在农村发挥作用,在农业合作化运动期间,党将支部由乡延伸到村,使"支部建在村庄",从而增强党对农村的组织力,进一步将分散的农民团结在党组织周围。农

---

[1] 中共中央文献研究室编《建国以来重要文献选编》(第二册),中央文献出版社,1992,第243页。
[2] 崔乃夫:《当代中国的民政》(上),当代中国出版社,1994,第122页。

业合作化运动壮大了党的组织队伍，使党在农村的支部数量和党员数量大幅度提升。

人民公社化运动进一步确立党在农村的领导核心地位。人民公社组织层级由下到上可分为生产大队、生产社和公社，其中生产大队设置党小组，生产社设置党支部，公社成立党委。为农村地区综合协调发展，人民公社实行公社党委统领乡域内"工、农、商、学、兵"等一切工作，生产大队管委会在公社党委领导下管理大队范围内各个生产队的生产与行政工作，生产队则直接负责队内各项事务，在治理模式上采用政社合一模式。在人民公社制时期，农民依赖公社生产生活，一方面，农民通过劳动换得工分才能维持生活；另一方面，社员要经历的大事如参军、入学、成家等都需要经过公社同意，社员对公社党组织绝对服从，一般不敢公然违背公社集体意志，公社党组织拥有绝对权力，在整个公社组织系统中处于领导核心地位，从而将分散的农民紧紧地团结在党和国家周围。当时，除少数特殊家庭外，几乎每个家庭都有"党员、青年团员、妇联成员、民兵等政治组织的成员"①。一方面表示农民拥有自己的政治身份，另一方面也表示农民愿意接受组织的约束。党对农村的组织力和领导力空前增强。但由于工分制的计酬分配方法在农业生产过程中容易出现投入与收益不匹配的"搭便车"现象，严重挫伤农民进行农业生产的积极性，进而影响劳动生产效率，阻碍农村生产力发展。将农民牢牢限制在集体中，使他们不能脱离集体而存在，在某种程度上牺牲农民自由和民主。随着家庭联产承包责任制的兴起，人民公社制被逐步废除。

三 创新农村党组织设置，确定党的领导核心地位

与时俱进地创新农村党组织设置。1978年安徽小岗村率先探

---

① 徐勇：《"政党下乡"：现代国家对乡土的整合》，《学术月刊》2007年第8期。

索实行在集体所有制基础上的家庭联产承包责任制，改变以往工分制分配方式，农民生产的粮食在上交国家、上交集体后还能实现自己有余，甚至出现"卖粮难"的情况，极大地激活农民生产的积极性，促进农村生产力发展。从人民公社制到家庭联产承包责任制的转变也使乡村政治由政社合一向政社分开转变。分田到户后，农民生产自主性增强，生产队被架空，原生产队长也不愿管村内事务，村里矛盾增多，这些问题令广西壮族自治区河池地区宜山县原三岔公社合寨大队感受深刻。当时合寨大队处于"三不管"状态，为改善村里风气，稳定村里治安，1980年，合寨大队以卷烟纸作选票通过无记名投票以差额选举方式产生中国第一个由群众自我管理、自我服务的村民委员会，并制定《村规民约》，成为第一个村民自治组织。由于成效显著，村民委员会在党中央的积极推动下在全国迅速推广，并于1982年被写入宪法。1980年4月四川省广汉县向阳乡率先用乡政府的牌子代替人民公社管理委员会的牌子。1982年党的十二大通过的《中国共产党章程》提出"……人民公社、合作社、农场、乡、镇……都应成立党的基层组织"[①]。1987年在党的第十三次全国代表大会上通过《中国共产党章程部分条文修正案》，去掉人民公社，并将乡、镇设立基层党组织改为在乡、镇、村设立基层党组织，从而以党内法规的形式确立村委会在党组织体系中的战斗堡垒作用。同年通过的《中华人民共和国村民委员会组织法（试行）》将村民委员会确定为乡村基层党组织最小单位，并通过国家法律保障村民委员会在乡村中的核心地位。与此同时，党在农村地区的领导更加灵活多样，除按照行政村建立基层党组织外，还出现以产业链为依托的农村基层党组织和针对流动党员的乡村党组织。

逐步明确党的领导核心地位。随着家庭联产承包责任制的普

---

① 中共中央文献研究室编《十二大以来重要文献选编》（上），人民出版社，1986，第86页。

及,农民对基层党组织的依赖性减少,农村出现虚化、弱化、淡化党的领导现象,为改变这一现状,巩固农村基层党组织的领导,党出台一系列政策确立其领导核心地位。1989 年通过的《中共中央关于加强党的建设的通知》明确提出"农村乡镇党委和村党支部要充分发挥核心领导作用"[1]。除确立乡镇党委和村党支部作为领导主体之外,共青团等组织的作用也不能少。为提高组织凝聚力,党中央、国务院在 1990 年农业农村工作中指出要"发挥共青团、妇联、民兵等组织的作用"[2]。那么乡镇党委和村支部应该在哪些方面对农民进行领导呢?随着时间的推移和实践经验的丰富,党中央对这一问题的认识逐步清晰。1994 年,在党的文件《中共中央关于加强党的建设几个重大问题的决定》中,要求农村基层党组织增强政策执行力,在农村改革、农村经济、乡村精神文明、奔小康、共同富裕和共同进步等方面要发挥领导核心作用。[3] 1999 年党中央对农村基层党组织的要求已经不仅局限于这几个方面,还强调党对农村一切工作的领导,明确农村基层党组织是"乡镇、村各种组织和各项工作的领导核心"。当然,党对农村工作的领导并不是眉毛胡子一把抓,而是重难点突出、详略得当、与时俱进,与国家大政方针保持一致,不同时期有不同目标和任务。新农村建设时期,农村基层党组织的任务是领导社会主义新农村建设,为其提供正确的政治方向和切实的组织思想保障。在农村需要推进改革发展时期,"把党组织建设成为推动科学发展、带领农民致富、密切联系群众、维护农村稳定的坚强领导核心"[4]。

---

[1] 中共中央文献研究室编《十三大以来重要文献选编》(中),人民出版社,1991,第 49 页。
[2] 中共中央文献研究室编《十三大以来重要文献选编》(中),人民出版社,1991,第 692 页。
[3] 中共中央文献研究室编《十四大以来重要文献选编》(中),人民出版社,1997,第 13~14 页。
[4] 中共中央文献研究室编《十七大以来重要文献选编》(上),中央文献出版社,2009,第 689 页。

党在农村地区工作任务在变,但是党对农村地区领导核心地位不变。党在农村地区领导核心地位的角色定位符合时代发展和农民期盼,也符合党管农村工作的传统,有利于农村基层党组织各项功能的发挥。

四 坚持和加强党对乡村工作的全面领导

党的十八大后,党中央进一步强化乡村工作的全面领导,并将强化党在乡村地区的领导权和党对乡村工作的领导能力作为乡村振兴和农村基层党组织建设的基本要求,从而使党对乡村的全面领导认识更加明确,方法更加具象化。在2013年中央农村工作会议上,习近平总书记肯定了农村基层党组织地位,指出"农村党支部在农村各项工作中居于领导核心地位"①;2018年的中央一号文件明确要求将党对农村工作的领导传统、政策等以党内法规的形式确定下来。2018年实施的《中国共产党农村基层组织工作条例》明确规定乡镇党委和村党组织全面领导乡、镇、村各类组织和各项工作。2019年8月更是制定了党史上首个关于农村工作的党内法规,即《中国共产党农村工作条例》,该法规将党对农村工作的全面领导具体化,指出党对农村工作的领导不是抽象的,而是具体的,体现在党对农村经济、政治、文化、社会、生态文明和党的建设等各项工作的全面领导。《中国共产党农村工作条例》还就党对农村经济建设、政治建设、文化建设、社会建设、生态文明建设、党的建设和农村工作队伍建设的领导方面提出具体要求,使党对农村工作的全面领导有章可循、有法可依。党的二十大报告指出:"坚决维护党中央权威和集中统一领导,把党的领导落实到党和国家事业各领域各方面各环节,使党

---

① 中共中央文献研究室编《十八大以来重要文献选编》(上),中央文献出版社,2014,第694页。

始终成为风雨来袭时全体人民最可靠的主心骨……"① 2020年、2021年、2022年的中央一号文件都强调党对"三农"工作的全面领导,确保农村发展沿着正确方向前行。

党组织领导的乡村治理体系是党对乡村工作全面领导的一部分。《中共中央 国务院关于加强基层治理体系和治理能力现代化建设的意见》提出要"完善党全面领导基层治理制度",进一步延伸,也包括党全面领导乡村治理体系。乡村治理体系是党委领导、政府负责、公众共同参与和社会广泛协同的"一核多元"治理体系,各治理主体广泛参与的权利和各种功能作用的发挥离不开党的赋权、动员与引导。乡村经济、政治、文化、社会、生态文明方面治理都离不开基层党组织决策、落实。乡村自治能力提升,乡村法律制度健全,乡村良好乡风文明构建和乡村社会数字化建设都离不开基层党组织的领导。乡村治理效能增加,组织力强化和执行力提升都离不开基层党组织的领导作用。如果乡村治理体系是火车,那么党就是火车头,火车需要车头带。党也是乡村治理体系的主心骨、顶梁柱和压舱石。扎实推进基层党组织领导的乡村治理体系和治理能力现代化是夯实国家治理基石、提升乡村振兴治理效能的重要议题。

第二节　党组织领导的乡村经济治理体系

尽管我国城镇化已达到较高水平,但农业、农村和农民问题依然是需要关注的重大现实问题。农业现代化关系着国家现代化,农村富裕程度关涉国家富裕和社会稳定,农民收入关系农民能否共享发展成果。稳步发展乡村经济,将有利于实现国家繁荣

---

① 习近平:《高举中国特色社会主义伟大旗帜　为全面建设社会主义现代化国家而团结奋斗》,《人民日报》2022年10月26日。

昌盛、社会长治久安、民族伟大复兴和人民共同富裕。

一 乡村经济治理内涵

乡村经济是以乡村为主体或发生在乡村的生产、交换、分配、消费方面的经济活动以及形成的经济关系。乡村经济与城市经济相区别，但与城市经济密切相关。从乡村经济运行方式看，乡村经济包括原生性经济形式和输入性经济形式，原生性经济形式就是在乡村内部产生，乡村之间或者乡村与城市之间主动链接的经济形式，原生性经济形式中乡村是经济活动和经济关系的主体。输入性经济形式是乡村外部力量为乡村注入经济活力，包括政府通过政策对乡村进行扶持，城市对乡村进行帮扶，或城市企业与乡村主动对接。在输入性经济形式中乡村是经济活动和经济关系中的对象和客体，当然也不是单纯的客体，在一定情况下会转化为主体。内生性乡村经济主要包括自给自足、单打独斗式的小规模农户家庭经济、村级组织集体经济、农民合作经济。输入性乡村经济主要指在基层政府和资本逐利推动下"工商资本"下乡和政府主导"资源"下乡。乡村经济治理是内生动力和外部输入相互作用的治理主体，运用一定治理方法对乡村各类经济形式进行治理的过程。

二 党领导乡村经济治理历史

乡村经济关系着国计民生，是我国经济的"蓄水池"和"压舱石"。中国共产党在不断探索乡村经济生产力与生产关系的矛盾运动中推进乡村经济治理，依据不同时代特点，在不同时期采取不同策略和举措。

新民主主义革命时期，以革命为手段解放和发展乡村生产力。当时，生产关系落后压制生产力发展，在帝国主义、封建主义和官僚资本主义压迫下，农民生产主动性与积极性被压制，不仅地主阶级会掠夺土地，军阀、官僚、买办也会肆意兼并掠夺更多土地，土地集中趋势愈发明显，农民"无地""少地"现象普遍。帝国主义国家将中国乡村作为本国原料来源地和产品倾销地，使中国被迫卷入资本主义世界市场，"除了沿海沿江少数城市的经济得到畸形繁荣以外，中国广大地区特别是农村的经济都濒临破产"[①]。乡村生产力被不合时宜、不合民意的生产关系牢牢束缚，农民渴求通过革命改革乡村社会生产关系，推翻压在身上的三座大山，获得生产资料。中国共产党深刻理解农民诉求，领导中国人民推翻三座大山，实现民族独立和人民解放，农民当家做主人，不用再受压迫。与此同时，中国共产党以土地革命为抓手，实现"耕者有其田"，使农民成为土地的主人，自主掌握土地这一释放乡村生产力的武器，农民生产的能力和积极性得到极大提升，乡村经济向前发展。

社会主义革命和建设时期，通过农民合作化运动和人民公社化运动探索乡村生产力发展要素，乡村经济在波折中发展。战后百废待兴，急需发展经济解决农民温饱问题和社会发展问题。到1953年基本完成的土地改革大大提高农民种粮积极性，粮食产量大幅度提高。但是，建立在劳动人民生产资料私有制基础上的所有制形式在面对国家工业化要求和社会发展日益增长的对粮食和其他原材料的需求时，限制作用日益明显。个体私有制的发展也使农村贫富差距拉大。1953年底，党中央提出"一化三改"的过渡时期总路线，其中工业化是主体，三改是两翼。基于苏联集体经济经验做法和我国土地革命时期互助合作经验，农业社会主义改造即农业合作化运动开启。通过合作化运动，生产资料私有的小农经济逐步被改造为生产资料集体所有的社会主义集体经济。1958年"大跃进运动"兴起，农业上，各地违背农业生产自然规律，揠苗助长，

---

① 王晓秋：《资本—帝国主义的侵略究竟给中国带来了什么》，《思想理论教育导刊》2006年第10期。

农业生产力水平降低。城乡二元经济结构也在这一时期逐步形成，城乡发展失衡显现。但是合作化运动和人民公社化运动客观上推动乡村农田水利、道路桥梁等基础设施建设，这一作用也不能忽视。

改革开放和社会主义现代化时期，确定"以经济建设为中心"的发展方针，中国特色乡村经济迅速发展。束缚乡村经济发展活力的制度因素在人民公社制度下被逐步废除，"包产到户""包干到户"在乡村社会推广。1983年"家庭承包经营"被明确写入《中华人民共和国宪法》，家庭联产承包责任制赋予农民自主经营权，农民生产积极性大幅度提高，农业生产水平快速提升，乡村供给侧和需求侧都发生变化，统购统销制度已经不能适应供需要求，1983~1993年统购统销政策逐步被取消，乡村商品经济快速发展，由原人民公社创办企业转为乡镇企业，乡镇企业迎来发展浪潮。1992年，南方谈话和党的十四大为乡村经济发展注入市场经济活力，在保障公有制主体地位的同时，鼓励乡村社会多种所有制经济发展，乡村市场化改革深化，经济运行效率提升。但随着市场经济不断发展，城乡差距逐渐拉大，党中央提出统筹城乡发展和"多予、少取、放活"方针，党的十七大确立"以工促农、以城带乡"机制，城乡走向相互促进的新道路。

中国特色社会主义新时代，实现全面建成小康社会宏伟蓝图，打赢脱贫攻坚战，迈向乡村全面振兴新征程。"小康不小康，关键看老乡"，乡村经济发展是全面小康的薄弱环节，要实现全面小康，必须补齐这一短板，党中央自2019年起明确农业农村优先发展方针，要求举全党全社会力量做好"三农"工作，小康社会的百年夙愿终于如期完成，对乡村绝对贫困的消除也是全面建成小康社会过程中跨越的一道大坎。贫困是乡村社会的顽疾，乡村经济发展史也是乡村反贫困史，农民对摆脱贫困、丰衣足食有深深的渴望。为此，自2012年底，党中央坚定承诺"决不能落下一个贫困地区、一个贫困群众",一系列消除绝对贫困的政策不断涌现。首先是打响脱贫攻坚战。2013年党中央提出精准扶贫理念,2015年党中央召开扶贫开发工作会议,提出"六个精准""五个一批";2017年精准脱贫成为三大攻坚战之一,社会广泛动员,村民广泛参与,政府加大投入,经过几年的坚持不懈,2020年我国脱贫攻坚战取得全面胜利,为乡村经济进一步发展打下坚实的物质基础。其次是开启乡村全面振兴。乡村和城市一样,是国家发展不可缺少的一部分。因此,党的十九大提出"实施乡村振兴战略",党的十九届五中全会提出"全面推进乡村振兴",2022年中央一号文件《中共中央 国务院关于做好2022年全面推进乡村振兴重点工作的意见》发布,从实施乡村振兴到全面推进乡村振兴,都表明党中央对乡村经济社会发展的重视和高质量高水平发展的要求,乡村社会持续向好发展。党的二十大报告指出:"加快建设农业强国,扎实推动乡村产业、人才、文化、生态、组织振兴。"[①] 可见党对乡村的发展高度重视,这是中国式现代化进程中的重要方面。

三 新时代乡村经济治理主体

乡村经济治理主体就是在乡村经济发展中承担治理职能的组织或个人。乡村经济治理主体包括国家、企业和农户。国家是乡村经济治理的主导性主体,依据宪法和法律对乡村经济行使宏观调控、市场监管、公共服务和生态环境保护等职能。国家通过宏观调控调节乡村经济社会发展目标,制定乡村经济发展政策,并运用一定工具进行宏观调度和协调实现发展目标。国家对乡村社会各经济主体有管理和监督职能,既要抓好人才队伍建设、创新管理方式、落实经济监督、提升乡村经济管理和监督水平,又要

---

① 习近平:《高举中国特色社会主义伟大旗帜 为全面建设社会主义现代化国家而团结奋斗》,《人民日报》2022年10月26日。

管放结合、优化服务，提高乡村经济治理效能。加强国家在乡村经济中的公共服务职能，需要完善公平竞争制度、强化村民权益保护、让村民共享乡村经济发展成果，使共同富裕成为乡村经济落脚点。落实国家在乡村经济治理中的生态保护职能需要正确处理好经济发展与生态保护的关系，不能以牺牲生态为代价换取经济发展，而是促进生态保护和乡村经济发展良性互动。

企业是乡村经济治理的重要活动主体。企业是自负盈亏、自主经营，能独自承担财产责任和民事责任，具有法人资格的经济实体。从经济类型看，参与乡村经济建设的企业有集体所有制企业、混合所有制企业、私营企业、外资企业。从企业产生类型看，参与乡村经济建设的企业有乡村内生企业，主要包括乡村集体企业、村民合作企业、村民自办私营企业等，也有输入性企业，即从外部嵌入乡村经济的企业。企业是乡村经济发展的重要力量，企业在乡村的发展不仅有利于盘活乡村闲置生产要素，也有利于乡村农业现代化转型，加快乡村第一二三产业融合。企业在乡村经济治理中既要维护企业利益，又要维护社会公共利益。企业在市场优化配置下和政府宏观调控下以营利为目的向社会提供产品和服务，以此追求企业利益。但是，乡村社会企业必须有社会责任感，注重国家利益、社会公共利益和农民利益的维护，主动维护国家农业安全，积极参与乡村公共事务管理，主动为村民提供更多致富资源，做到"富了老板，又富了老乡"。

农户是乡村经济治理的基础性主体，是乡村经济善治的直接受益者。在乡村，村民一般以户为单位进行生产、经营、消费活动，农户在乡村经济主体中占大多数。党的十九大提出的"乡村振兴战略"中首次明确"实现小农户和现代农业发展有机衔接"，这表明我国"大国小农"的基本农情没有变，小农户占我国农业经营主体的98%以上，其耕种面积也占总耕种面积的70%。在此需要说明小农户并不等于小农经济中的"小农"。"小农"（peasant）

在《不列颠简明百科全书》中，被界定为"耕种土地的小土地所有者或农业劳工"①。《中国大百科全书·经济学Ⅲ》中"小农"被定义为"建立在生产资料私有制的基础上，从事小规模耕作的个体农民"②。由此可见，"小农"是一个带有意识形态特性、建立在私有制基础上的词。但是在农业社会主义改造完成之后，我国已经将农民个体所有制改造成为农村集体所有制，已经没有"小农"存在的生产关系基础，"大国小农"中"小农"更为确切的话语表达是"小农户"。中国现代化小农户主要是指在实行家庭联产承包责任制之后以家庭为单位从事小规模生产的农户。从经营土地规模看，个体小农户经营的土地规模在人地关系不同的地区表现不同，有些地方人均 1~2 亩，但有些地方人均 4~5 亩，甚至有些地方可能人均几十亩。从人口结构看，小农户以老人为主，也有少数青壮年留在农村。从生产的目的看，乡村有以实现自给自足为目的的生存型农户和以营利为目的的生产型小农户。小农户在保障国家粮食安全和农产品有效供给方面发挥了重要作用。

四 新时代乡村经济治理客体

市场经济条件下，乡村社会同时存在几种不同经济形式，包括小农户经济、家庭农场经济、村级集体经济、农村合作经济、私营经济和数字经济，如何看待每一种经济形式，如何处理这些经济形式之间的关系，是乡村经济治理必须考虑的现实问题，这些也是乡村经济治理的客体。

小农户经济是现阶段乡村社会的主要经济形式。就生产经营的规模和方式而言，小农户经济在中国存在已久，它曾经创造出辉煌的农耕文明，到现代依旧表现出其强大生命力，是我国农村

---

① 《不列颠简明百科全书》，中国大百科全书出版社，2005，第 1792 页。
② 《中国大百科全书·经济学Ⅲ》，中国大百科全书出版社，1988，第 1089 页。

某些地区主要的经济形式,是现阶段乡村各类经济形态中历史最长久、从业人数最多的经济类别。关于小农户经济评价,学术界有两种截然不同的观点,一种是"小农消亡论",认为小农户经济最终会消亡,因为小农户数量太多,小农户经济规模分散且太小。城镇化者认为,中国"三农"问题之所以难以解决,主要是农民数量太多,解决这一问题的办法就是将部分农村居民转化为城市居民。① 农业现代化理论认为,应通过推进农民进城、城市资本下乡,推进农业现代化与工业化、城市化的同步发展。另一种是"小农美好论"。贺雪峰认为半耕半工、可进可退的"中国式的小农经济"不仅能灵活地为农户家庭提供基本生活所需,而且农民有在城乡之间往返的权利,使我国在发展过程中没有像其他发展中国家一样出现大规模的贫民窟,同时也能在经济危机时期保障社会基本稳定。② 黄宗智认为小农户家庭农场是农业主体,新时代小农经济实现农业生产总值显著提高,"小农农场才是推动近三十多年来新农业革命的主要动力"③。乡村振兴战略提出的小农户与现代农业有机衔接,既肯定小农经济的价值,也指出小农户经济未来发展方向。

家庭农场经济是以家庭经营为基本单位,以家庭成员为主要劳动力,从事集约化、规模化、标准化、商品化经营的经济形式,是现代农业主要经营方式之一,是中国乡村经济需要持续培育和发展的经济形式。家庭农场经济有以下特点,一是家庭成员为主要劳动力,无常年雇工或常年雇工数量不超过家庭成员数量。二是经营规模较大,但到底什么样的规模可以认定为家庭农

---

① 邓英淘:《为了多数人的现代化——邓英淘经济改革文选》,生活·读书·新知三联书店,2013,第 14 页。
② 贺雪峰:《关于"中国式小农经济"的几点认识》,《南京农业大学学报》(社会科学版)2013 年第 6 期。
③ 黄宗智:《资本主义农业还是现代小农经济?——中国克服"三农"问题的发展道路》,《开放时代》2021 年第 3 期。

场，各地认定标准有一定差异，家庭农场规模的认定标准要综合考虑当地行业特性、资源条件和农产品生产特点。三是家庭农场以追求利益最大化为目标、以市场需求为导向向社会提供产品和服务，其从事农业生产的主要目的是盈利。四是家庭农场集约化生产，能集中人力、物力、财力、技术等生产要素，对各生产要素进行最优配置，从而达到降低成本、高效产出的目的。与小农户相比，家庭农场更类似于养殖大户、种植大户。2021年12月21日，农业农村部副部长邓小刚在第十三届全国人民代表大会常务委员会第三十二次会议上作的《国务院关于加快构建新型农业经营体系 推动小农户和现代农业发展有机衔接情况的报告》中指出，2021年9月底，全国家庭农场超过380万个，平均经营规模134.3亩，可见，家庭农场经济在我国稳固发展。

村级集体经济是以生产资料归村集体所有为基础、以维护村集体利益和农民利益为前提，以因地制宜探索符合市场需求、适合本地区商业运行模式为基本路径，以确保集体资产保值增值、发展成果村民共享为目的，实现农民和村集体双赢的经济形式。现阶段村级集体经济是中国乡村经济的重要组成部分，其主要特征有以下四点。一是产权归村集体所有，村集体拥有占有、使用、处分、收益的权利，村级集体经济带来的收入和其他成果归村民共享，不能成为某些人谋取私人利益的工具。二是坚持市场导向，村级集体经济在市场中起步、发展，用市场的办法解决发展中存在的问题，充分发挥市场的基础性作用。三是农村基层党组织的领导，坚持市场导向并不是完全让村级集体经济在市场中自生自灭，市县党委、乡镇党委应充分发挥领导作用，应在顶层引导、整合资源、项目推介、配套支撑等方面发挥积极作用，市县党委、乡镇党委不能对村集体干涉过多，以免限制村级集体经济在市场中成长历练的机会。四是经营方式多样化。在经营产业方面，根据各村特点和市场需求，选择农业、工业、商业，宜农则农，宜工则工，宜商则商，也可工农商融合发展；在经营方式上，可独立发展，可合作经营，可入股分工，坚持一村一政策。

农村合作经济指农民或组织为提高资金、土地、技术、资源等生产效率，在自愿基础上结成互助共赢的经济联合组织参与的一种经济形式。农村合作经济和村级集体经济有五点不同。一是产权不同。村级集体经济的产权是集体所有制，排斥私有产权；而农村合作经济承认私有产权，可建立在生产资料私有制基础上，可以公私合作，也可以私私合作，公家参与合作经济所得归全体村民共同所有。二是分配方式不同。村级集体经济所得由全体村民共享，更强调公有和公平特性，农村合作经济所得由合作共同体内成员所有，按照劳动和入股份额进行分配，更强调效率特性。三是治理主体不同。村级集体经济治理主体是乡村基层党组织，包括乡镇、村级党组织，县域党组织也可以参与统筹和协调，当然村级集体经济为提高市场竞争力也可以选拔优秀社会人才，如职业经理人参与村级集体经济的运营管理，乡村基层党组织是委托人，优秀社会人才是代理人。农村合作经济治理主体则不一定是基层党组织，而是合作体内的治理能人，或合作体组织成员另聘社会人才。四是治理目标不同。村级集体经济的治理目标是在发展基础上实现村里共同富裕，农村合作经济的治理目标主要是为弱化、分散风险，形成发展合力。五是在历史上出现时间不同。农村合作经济最早在资本主义社会出现，早期空想社会主义者罗伯特·欧文首先提出合作社思想，并于1824年在美国印第安纳州创立"新和谐村"践行这一思想，虽然"新和谐村"以失败告终，但在欧文合作社思想推动下，英国诞生了一批合作社。而村级集体经济是生产资料公有制条件下的产物，集体经济的诞生晚于合作经济。集体经济实际上属于公有性质的合作经济，从这一角度来看，集体经济也属于合作经济，但合作经济范围要广于集体经济，历史也要长于集体经济。

乡村私营经济主要分为两大类，一类是由乡村自身内生的私营经济，另一类是资本下乡外生输入性乡村私营经济。农村合作经济可以建立在生产资料公有制基础上，也可以建立在生产资料私有制基础上。建立在生产资料私有制基础上的乡村私营企业，包括合作制企业和个体私营企业，个体私营企业是在乡村内生的村民个体或家庭独立创办的企业，内生性私营合作企业指在乡村内生的村民之间合作，或村民与其他私营企业合作创办的内生于乡土中的"熟人社会"企业。在"资本下乡""资源下乡"之前，内生性乡村私营经济是乡村私营经济的主要类型。近年来，工业化和城镇化速度加快，国家经济实力不断增强，但农村发展相对落后。为加快农村发展，推进农业现代化进程，在国家支持"三农"发展战略推动下，各类资源和工商资本源源不断地注入乡村，从而形成资本输入性乡村私营经济。但无论是乡村本地内生性私营经济还是资本输入性乡村私营经济，在本质上都属于私营经济，是以营利为目的的经济形式，它的特点是追逐利润最大化。乡村私营经济可以激发乡村经济发展活力，带动当地农民就近就业，推动乡村产业发展。但是，私营经济的"私"与乡村振兴的"公"在现实实践中出现融合困难，部分乡村私营经济在发展过程中存在侵害农民利益、蚕食基层党组织和与乡村社会相脱嵌现象。

乡村数字经济是乡村经济发展新趋势，是乡村经济与数字化技术的融合，是在乡村社会中以数字化技术为依托，通过生产、沟通、交易的数字化实现农村发展与进步的经济形态，是对乡村的数字化改造与提升。乡村数字经济运用数字技术将乡村农户、农村合作组织、私营企业主等连接起来，也用数字技术将乡村和城市联合起来。乡村数字经济具有可预测、去中介、虚拟化、灵敏性、高效性、抗风险等特点。乡村种什么？种多少？传统农户经济主要依靠经验和往年市场需求判断，如此，容易造成农产品生产过剩现象，使农产品生产面临许多不确定性，而数字经济的智能算法可以最大限度帮助农业生产者掌握市场供给、预测市场需求，从而减少市场变化对农业生产造成的风险。农产品如何交易？传统农户经济状态下，农产品进入市场要经过小商贩、大商贩等多道商贩层层转手，商贩们都要从中赚差价，就容易出现农民低价卖产品、消费者高价买产品的"双输"局面。数字经济在乡村发展中将农产品生产者、消费者通过虚拟数字平台连接起来，消除生产者和消费者间的物理阻隔，节省中间环节成本，从而使生产者和消费者实现"双赢"。乡村数字经济还具有差异性、多样性特点。在工业化冲击下，许多乡村农产品也走上同质化道路，随着数字化网络在乡村的深入，越来越多个性化、差异化的农产品被消费者找到，越来越多的乡村手工产品成为城市消费者的心头好，成为乡愁的寄托。

五 新时代乡村经济治理方法

促进小农户与现代农业有机结合。小农户经济如何治理？可以从历年中央一号文件中找到答案。2004~2017年，中央一号文件更加注重农业生产中的"规模化效益"，小农户经济因为其分散性被视为要淘汰的经济方式，但是，2018年中央一号文件提出乡村振兴战略，并对小农户给予前所未有的关注，提出："促进小农户和现代农业发展有机衔接。"并在2018年颁布的《乡村振兴战略规划（2018—2022年）》中提出："坚持农民主体地位，充分尊重农民意愿。"从而肯定小农户存在的价值。现代农业是相对于传统农业而言，传统农业以手工劳动为主要形式，以时代积累的传统经验进行耕种，以自给自足为主要生产目的，以满足其生产性功能为导向。现代农业除采用机械化、智能化方式进行生产外，还拓展农业的生态功能、旅游功能、文化功能。小农经济也可以在与现代农业有机衔接的过程中发展成多元混合型经济,一方面,要加快培育会生产、懂市场的新型职业农民,在加工、流通和销售方面对小农户予以政策扶持,使其能较好地融入国家构建的生产、家庭、流通、销售产业一体化平台;另一方面,也要在尊重各地实际基础上,在尊重农户意愿条件下适当发展乡村旅游和乡村其他特色产业,促进乡村产业多元化。但由于家庭资源禀赋不同,有些小农户在竞争中处于弱势,不能与现代农业有效衔接,党和国家应该对他们进行政策资金扶持,保障基本生活。

实施家庭农场培育计划。家庭农场是源自欧美的舶来词,在工业化、城镇化快速推进过程中,大量农村劳动力向城市转移,农村土地面临闲置风险。为提高土地利用率,扩大种植、养殖大户对规模种植、养殖的需求,2008年党的十七届三中全会首次提出家庭农场,2013年中央一号文件提出鼓励和支持土地向专业大户、家庭农场等转移。此后,学界出现大量关于家庭农场的研究,学者们一般对发展持赞同态度,认为"家庭农场制度是对我国家庭经营制度的继承和完善,既有利于促进现代农业发展,也有利于维护农村社会稳定"[1]。也有学者认为,美国地多人少,其"大而粗"的家庭农场模式不适合地少人多的中国,中国适合"小而精"的家庭农场模式,可见家庭农场规模是争论的焦点。关于这一点,国家相关部门给出回应,2019年9月,经国务院同意,中央农办、农业农村部等11部门和单位联合印发《关于实施家庭农场培育计划的指导意见》,要求尽快"培育出一大批规模适度、生产集约、管理先进、效益明显的家庭农场"[2]。这个"适度"是与当地资源、行业、产业特点匹配的适度,该意见还

---

[1] 高强、刘同山、孔祥智:《家庭农场的制度解析:特征、发生机制与效应》,《经济学家》2013年第6期。
[2] 《关于实施家庭农场培育计划的指导意见》,中华人民共和国农业农村部,2019年9月9日,http://www.moa.gov.cn/gk/zcfg/qnhnzc/201909/t20190909_6327521.htm。

从培育的基本原则、登记和名录管理制度、示范创建引领、政策支持体系等方面对家庭农场的培育提出具体要求。家庭农场隶属于小农户与现代农业相衔接的现代立体式复合型现代农业体系，家庭农场培育虽然已有一定成效，但面临对小农户的带动能力有限、发展质量不高、融资难风险大等困境，还需要进一步增强家庭农场发展的内生动力，强化政府扶持。

壮大集体经济。关于如何克服小农经济分散性问题，村级集体经济被寄予厚望，集体经济从理论上也确实可以克服小农的分散性。因此，党的二十大报告中强调："巩固和完善农村基本经营制度，发展新型农村集体经济，发展新型农业经营主体和社会化服务，发展农业适度规模经营。深化农村土地制度改革，赋予农民更加充分的财产权益。"① 2018年6月12日农业农村部发布《关于确定农村集体产权制度改革试点单位的函》。针对农村经济谁领导、如何开展问题，农村基层党组织担当领导重任。2018年12月28日修改实施的《中国共产党农村基层组织工作条例》肯定农村基层党组织在壮大集体经济中的作用，并将工作任务细化，一方面要求不搞"一刀切"，因地制宜壮大集体经济；另一方面也从集体资产保值增值、利益关系协调、生产服务组织、集体资源开发和村民收益程度等方面做出具体要求。党的十九届四中全会上再一次强调发展农民集体经济、完善农村基本经营制度的重要性。加快发展村级集体经济是盘活乡村闲散生产要素，实现农村资产、资源、资金的保值增值，促进农业增效、农民增收，建设未来乡村共同富裕的重要举措，是夯实农村基层党组织建设、完善乡村治理、实现乡村振兴的必要途径。虽然村级集体经济的发展有较大进步，但整体仍处于起步

---

① 习近平：《高举中国特色社会主义伟大旗帜　为全面建设社会主义现代化国家而团结奋斗——在中国共产党第二十次全国代表大会上的报告》，《人民日报》2022年10月26日，第1版。

阶段。当前村级集体经济存在发展不平衡、不充分、不持续问题。东部沿海地区集体经济发展较好，西部和东北部地区农村集体经济"空壳村"较多，村级集体经济发展尚处于较低层次阶段，为逃避检查、完成任务，甚至还有挂牌式集体经济存在。村级集体经济的发展还需要更多人力、物力、财力、组织力和领导力支持。

因地制宜发展农村合作经济。农村合作经济能将乡村分散的劳动力、技术、管理、土地等资源集中起来，形成集约化效益，促进农业增效、农村增收。2020年7月22日习近平总书记在吉林省四平市考察当地专业合作社时鼓励各地因地制宜发展合作社。农村合作经济天然具有鲜明的"在地"特性，要根据当地人才特点、资源配置方式、产业特征、行政管理特色等走差异化路线，使农村合作经济形态多姿多彩。可以是土地入股合作模式、劳务合作输出模式，也可以是乡村旅游开发模式、农产品生产销售一体化模式、技术服务合作模式等，合作经济形态多种多样。政府在引导农村合作经济发展时，一要尊重农民意愿，不能强迫农民参与合作社，满足村民关于合作社的基础诉求；二要尊重"在地"特性，不可脱离当地实际，盲目模仿；三要尊重合作经济发展特性，对不同类型的合作社给予不同政策帮扶，如打通养殖合作社上下供应链，降低养殖风险，帮助农产品合作社做好品牌打造与营销工作等，从而走出符合当地特色、符合村民意愿、符合产业特点的农村合作经济之路。

规范发展私营经济，对社会资本下乡做好指引。乡村振兴的核心目的是让农民生活更好，维护农民切身利益是乡村发展的首位，以侵害农民利益为代价的乡村繁荣绝不是我们想要的发展。有些乡村私营企业如造纸厂、化工厂、养猪场等，由于防污治污能力有限污染乡村生态环境，从而危害村民身体健康和乡村生态安全。有的乡村私营企业主在自身经济资本推动下获得政治资本成为乡村的"能人书记",以利益诱惑方式吸纳村干部和乡村精英进入自己的企业或与自身关联度极大的企业,再运用自身经济地位和村级党组织的政治权威,引导乡村各类资源源源不断地向自己倾斜,使村级党组织"公司化",成为依附于资本、为资本牟利的工具。①也有私营企业表面上嵌入其所在村庄,但实际上主要以当地土地为依托,既不能较好地带动当地就业,又不能引领当地产业发展,还与当地居民处于脱嵌状态。如王春超和李兆能通过调查发现,在外出务工农民中,仅有2.16%的农民依靠政府组织就业,即表明农村剩余劳动力转移仅依靠土地流转效果甚微。②何毅通过调查发现,外来资本与本地农民之间相互不信任,外来资本倾向于用"自己人",雇用本地员工较少。③可见,外来输入性私营经济与本地乡村之间存在脱嵌张力。要规范乡村私营经济发展,既保障乡村私营经济活力又维护农民利益和村级党组织的领导核心地位。

积极发展数字经济。数字经济成为乡村发展的重要经济类型之一,是乡村经济的重要组成部分,也是数字中国的重要内容。数字技术、信息技术在乡村广泛应用,农民信息化技能也在不断地提升,数字经济在乡村蓬勃发展,进一步释放乡村振兴强大潜力。《数字乡村发展战略纲要》《数字农业农村发展规划(2019—2025年)》等文件明确乡村数字经济的基本发展方向和具体行动方向,2020年试点后,2021年中央一号文件明确提出启动数字乡村建设发展工程,标志着乡村数字经济进入发展新阶段,对乡村社会转型升级、乡村振兴具有重要意义。乡

---

① 卢青青:《资本下乡与乡村治理重构》,《华南农业大学学报(社会科学版)》2019年第5期。
② 王春超、李兆能:《农村土地流转中的困境:来自湖北的农户调查》,《华中师范大学学报》(人文社会科学版)2008年第4期,第51~56页。
③ 何毅:《资本下乡与经营"脱嵌"》,《南京农业大学学报》(社会科学版)2021年第3期。

村数字经济可以加快农业转型升级，推进农业现代化进程，多种互联网技术和设备在农业中的应用可以使农业生产更现代化、专业化、集约化；乡村数字经济也能推动农村高质量发展，加快资金、人才、技术流向农村，实现农业生产、经营管理、销售流通"一条龙"，新业态、新模式不断产生，农村朝向更高质量发展；乡村数字经济也可以吸引人才回流，带动年轻人回家乡创业，使之成长为乡村数字精英，在缓解农产品滞销、带动乡村创业、促进乡村转型中发挥重要作用。尽管数字经济在推动乡村振兴中取得一些成效，也形成典型发展模式，但是乡村数字经济毕竟处于起步探索阶段，在发展过程中还存在一些问题。例如，涉农数字技术供给不足、涉农数字化产业进展相对缓慢、数字化经营组织程度较低、流通领域数字化转型依然遭遇层层阻隔、城乡区域之间数字鸿沟依旧较大，普通农民将数字化转化为"生产力"的能力较低，等等，数字经济在乡村的治理之路任重道远。

第三节　党组织领导的乡村政治治理体系

一　乡村政治治理内涵

搞清楚乡村政治治理内涵的前提是要弄懂政治内涵。何为政治，仁者见仁，智者见智，孔子认为政治是一种社会道德追求，提出"政者，正也"；孙中山认为，政治是公众事务的管理活动；马克思主义政治观认为，政治是经济的集中表现，政治的根本问题是国家政权问题，政治是围绕公共权力运行的公共关系。王浦劬教授在总结前人政治概念的基础上，提出"政治是在特定社会经济关系所表现的利益要求和利益关系基础上，社会成员通过社会公共权力确认、维护、保障和发展其权利，实现其利益的一种社会关系"①。由此可见,政治的核心关键词是公共权力和利益。乡村政治治理是指通过治理使乡村社会各利益主体依靠公共权力确认、维护、保障和发展其权利,实现公共利益最大化的动态过程。乡村政治治理的理解包括两方面内容,一是围绕利益展开,即乡村社会利益主体有哪些,他们所追寻的利益是什么,如何维护、发展自身利益;二是围绕乡村公共权力展开。乡村公共权力是什么,乡村公共权力在谁手上,各利益主体如何获得乡村公共权力,各利益主体在乡村公共权力中扮演什么角色,他们的关系如何,乡村公共权力运行的机制和结果如何,对于以上问题的回答构成了乡村政治治理结构体系演化和运行的逻辑。

在乡村社会里,各利益主体间有形形色色的利益关系,但利益的实现和维护并不是自发、自动的过程,而是利益主体自觉、能动的活动过程,为实现和维护自身利益,利益主体要尽可能调动其有效资源,展开谋利活动。在实现利益过程中,拥有共同利益的群体会凝聚成共同的社会力量,拥有不同利益的社会力量通过角逐的方式维护和实现自身利益,力量强大的一方拥有更多的话语权。影响力量强大的因素可以分为主客观两个方面:客观因素包括生产资料占有、社会财富分配、自然资源分布和历史文化传统等;主观因素包括利益主体的教育素质、心理素质、社会地位、组织化程度、已有权力和社会资本等。在乡村,家户是乡村治理的基本单位,国家以家户为根基,在中国古代,乡绅是联结国家与家户的中介,在"行政下乡""政党下乡"的当代,基层党组织、乡村精英和村民是乡村社会内部的主要利益群体,三者围绕乡村公共权力的角逐构成乡村政治治理演化体系。

二 党组织领导的乡村政治治理历史

中国拥有悠久的农耕文明历史,在传统封建专制体制下,政

---

① 王浦劬主编《政治学基础》,北京大学出版社,1995,第25页。

治权力高度集中于中央，尤其是君主，虽然"形成以郡县为行政区域，以官僚为行政官员的行政体系"①，但由于小农经济的自给自足特点和分散特性，直接的国家行政命令并没有下到乡村，而是止于县一级，乡村治理主要靠非体制性权力，如乡绅的治理，形成"县官治县，乡绅治乡"治理格局，国家通过法律、伦理等意识形态向农民灌输封建统治思想，让农民顺从于王权，农民与国家的主要联系是纳税服役，农民的个人生活关系和交往关系以家庭为中心向外辐射，呈现"个人—家庭—家族（扩大了的家庭）—地方—国家"②的状态，所以传统农民崇拜家族和宗族，也服从于家族长、宗族长的管理。"政权不下乡"，农民处于政治边缘，客观上不存在依靠政治权力实现和维护自身利益的体制，主观上也由于生产资料的依附关系和教育素养、社会地位等原因缺乏维护自身利益的内在条件。

土地问题是农民关注的核心问题，中国共产党抓住这一核心问题，通过土地改革推翻封建地主势力，消灭封建剥削制度，实行"耕者有其田"，使广大农民获得土地，摆脱生产资料依附关系，有自己的生产资源，这为农民调动资源和维护自身利益提供了前提条件。但是，拥有土地使用权并不能改变农民分散的特点，农民内部有千千万万分散的利益，农民只有将分散的力量凝聚起来才能在同各种利益主体的力量角逐中实现其自身利益，才能真正成为乡村政治权力主体之一。为将思想观念上、政治行为上过于分散的农民凝聚起来，国家通过合作化运动对乡村社会进行社会主义改造。在合作化运动中，将党支部延伸到乡村和生产单位中，分散的农民被组织起来整合到政治体系中，但在"政社

---

① 徐勇：《"行政下乡"：动员、任务与命令——现代国家向乡土社会渗透的行政机制》，《华中师范大学学报》（人文社会科学版）2007年第5期。

② 徐勇：《现代国家的建构与村民自治的成长——对中国村民自治发生与发展的一种阐释》，《学习与探索》2006年第6期。

合一"的人民公社体制下,权力高度集中于公社管理干部,农民被挤压到乡村政治边缘地带,没有太多发言权。虽然农民的权力主体意识增强,但让农民能施展政治权力主体能力的舞台依然没有搭建起来,乡村政治治理体系还需继续完善。

村民自治的产生与发展。家庭联产承包责任制实施之后,农民的生产活动由人民公社时期村集体生产转向家庭生产,人民公社体制日益松散,乡村出现公共事务无人管、农民组织无纪律的现象。20世纪80年代,农民自发创建的村级自治组织村委会顺势而生。1987年后,村民自治在全国范围内推广,这表明村民不再是乡村政治体系中的边缘者,而是以乡村组织的形式参与乡村事务管理,在乡村政治生活中,村民按照民主集中制原则通过直接民主形式决定先办什么,后办什么,要办什么,不办什么,村民在积极参与乡村政治过程中维护并保障自身权益的实现。虽然从横向看,村委会是乡村自治组织,是村民表达和维护自身权益的组织机构,但是在自上而下的国家行政体系中,村委会要向村民传递国家意志,完成乡镇分配的行政任务,如何既能维护党在乡村的政治权威,又能保障村委会维护村民意愿,使村民自治组织在乡村"纵向到底""横向到边"的政治治理体系中保持发展活力,是村民自治在发展过程中遭遇的难题。除此之外,村民经常性流动和部分地区空心化也使村民参与乡村事务的难度增加,积极性降低,村民利益难以集中。那么,新时代乡村政治治理体系又该如何完善呢?我们可以从乡村政治治理的主体、客体和治理方法入手进行分析。

三 新时代乡村政治治理主体

传统中国社会的"乡绅治乡"使乡绅成为连接国家与村民的中介,新中国成立后,国家通过"行政下乡"将乡村纳入行政体系内,党通过"政党下乡"将农民组织起来,乡村基层干部充当国家与村民的中间人，具有"代理人"与"当家人"的双重角色定位①。国家、干部和村民构成乡村政治治理的三大主体，这一划分方法也是按照权力主体的层次对其进行划分。

国家是乡村政治治理的主导性主体，是乡村政治治理的领导者和组织者。国家在乡村的主要政治职能包括维护政治安全、保障政治权威、实现政治管理。维护党和国家在乡村的政治安全，要求党和国家建立风险防范机制，及早发现并消除乡村内部矛盾，减少乡村内部不必要的冲突。保障党和国家在乡村地区的政治权威，帮助村民办实事，增强村民对党和国家的政治信任、政治支持、政治认同和政治追随，并通过思想文化建设和法律建设维护党和国家在乡村地区的意识形态领导权。党和国家在乡村的政治管理职能，即凭借组织力量运用各种资源和要素，协调和解决乡村社会中各种利益矛盾，规范乡村社会各类力量行为，维护并实现乡村社会共同利益，保障效率与公平，共建良好乡村共同体。国家作为乡村最高权力主体，其在乡村实现权力的方式主要包括压力型体制、行政命令、法律规范、政策文件、动员说服、监督奖惩等。在乡村内部，农村基层党组织是党和国家的乡村代表，关系党和国家关于乡村的各项政策运行效果，肩负宣传党在乡村的主张、贯彻党的决定、团结动员群众、推动乡村政治治理的功能。

干部是乡村政治治理的中间主体。在村级权力体系中，村"两委"是乡村权力体系中最主要的组织，是国家认可并纳入国家政治治理体系的"正式组织"，其他组织如妇联、民兵组织等都是"正式组织"的"配套机构"。根据《中华人民共和国村民委员会组织法》规定，"村民委员会主任、副主任和委员，由村民直接选举产生，任何组织或者个人不得指定、委派或者撤换村

---

① 徐勇：《村干部的双重角色：代理人与当家人》，《二十一世纪》（香港）1997年第8期。

民委员会成员"①。村党组织委员会成员由村党员代表大会选举产生，上级党组织也会根据工作需要向村级党组织选派第一书记。乡村各类组织中村干部的权力很大，尤其是村党组织书记和村委会主任，因为村党组织在乡村社会中发挥领导核心作用，实际上也就确立了村党组织支书在乡村的"一把手"位置。根据《中国共产党农村基层组织工作条例》要求，村党组织领导班子成员应思想政治素质高、道德品质良好、热心公道、廉洁自律、能带领村民致富。该条例还特别强调应从致富能手、务工经商返乡人员、本土本乡大学毕业生和退役官兵的党员中选拔村党组织书记，这些都是乡村精英，是经济能人、学识人才和政治人才。越来越多的能人成为村干部，这些能人在改革开放、市场、教育或其他政策激励下要么发家致富，要么拥有一定社会资本，要么在乡村拥有良好形象，村民希望村干部能带领村庄向前发展，因此对村干部的致富能力有一定要求，除此之外，村民也要求村干部有良好道德品行，能维护公平正义，为村民主持公道，能够成为如戴慕珍和徐维恩那样的"庇护关系说"中的庇护者。由此可见，无论是党和国家还是村民都对村干部寄予厚望。

村民是乡村政治治理的基础性主体。村民不属于国家行政体系的某个环节，其主体作用主要表现在村民的政治权利上。在乡村中，村民利益是多样的，既有个人利益、家户利益，又有整体利益、集体利益，也有持续性利益和阶段性利益，还有物质利益和精神利益。村民通过积极参与乡村政治生活，在政治参与中表达个人利益，协调不同利益，形成共同利益，再通过政治途径、法律途径保障个人利益。村民的政治参与是一种影响乡村公共利益分配的行为。村民进行政治参与的主要途径有投票、选举、结

---

① 全国人民代表大会常务委员会法制工作委员会编《中华人民共和国法律汇编》(1998)，人民出版社，1999，第100页。

社、政治表达和政治接触。受当地社会发展水平制约，以及选举监督政治机制完善程度，村民经济条件、社会地位、政治心理和政治参与机会的影响，既有村民积极主动参与乡村政治（如不是村干部但拥有经济资源、社会资本的乡村精英，有较大话语权的普通村民），也有村民被动参与、消极参与（如话语权极小的边缘村民和不信任参与结果、漠视乡村政治参与的部分村民）。但是，村民是乡村建设共享者，是乡村振兴的主体，要创设条件、完善机制，提高村民参与乡村政治的积极性和主动性。

四　新时代乡村政治治理客体

乡村政治治理有两条轨道，一条是"自上而下"贯彻落实国家意志、由国家行政权力主导的行政轨道，另一条是"自下而上"反映乡村民意的自治轨道，两条轨道顺畅运行和有效耦合是乡村政治治理的客体。

1. "自上而下"行政轨道的畅通

维护党在乡村的政治领导，保障党在乡村的政治权威，实现党在乡村的政治管理，畅通"自上而下"行政轨道包括组织、制度、思想、纪律四个方面内容。在组织建设上，一方面，要实现农村基层党组织对乡村社会全覆盖。随着市场经济发展和城镇化快速推进，大量私营企业在乡村尤其是沿海地区乡村发展，各种农村合作组织如种植合作社、养殖合作社在乡村成立，村民流动性加快，面对这些现象，农村基层党组织首先要解决面上问题，即将乡村内的各类企业、各类组织和流动人口纳入党组织管理范围。另一方面，加强组织建设，落实党在农村一切方针、政策，完成各项工作任务。落实乡村党组织政治执行功能，整合乡村各类主体的利益，发挥乡村党组织政治整合功能。在制度建设上，加快构建乡村政治治理体系，完善党对乡村工作的领导制度，健全党领导乡村的体制机制和政策法规，为党领导乡村政治工作的全面性和规范性提供制度依据。在思想建设上，加强对村民意识形态引领和思想政治教育，在乡村传播党的政治理念，确立乡村地区党在意识形态领域的话语权，注重民生改善，积极回应村民需求，规范乡村公共权力使用，维护公平正义，让村民信任党、爱护党、追随党。在纪律建设上，将权力关进制度的笼子里，防范村干部以权牟利，损害村民利益，从严从紧强化乡村纪律建设。

2. "自下而上"自治轨道的有序

乡村"自治"本质上是村民自我管理、自我教育和自我服务。村民有参与渠道、有参与意愿、有参与能力，这"三个有"是保障"自下而上"自治轨道畅通运行的基本条件。虽然《村民委员会组织法》规定村民可参与政治的范围，一些乡村自订《村规民约》和《村民自治章程》也为村民行使民主权利提供保障，但还是应进一步畅通村民参与乡村政治渠道，通过口口相传、广播、互联网等及时公开政务信息，保障每位村民知晓权，在运用传统渠道的同时充分利用互联网技术，让在外村民也能充分参与乡村政治事务管理。村民参与政治的意愿反映村民的政治心理，包括村民对乡村政治事务的认知，对乡村政治活动、政治事件和政治人物的好恶之感、亲疏之感、信疑之感，参与乡村政治活动的利益需求和政治目标，以及对乡村政治的政治态度等。村民参与乡村政治的能力包括预见能力、洞察能力、组织能力、演讲能力和审时度势能力，也反映村民政治社会化程度，如果村民有政治文化，熟悉政治规则，并且形成独立的政治意识，明确自身社会政治角色，那么其参与能力较强，能够准确清晰地表达利益诉求；反之，其话语权则较弱，不能较好地表达个人利益。

无论是国家与农民互构法、"上下渠道"耦合法还是由中向上向下法制化治理法都是为更科学地处理好"自上而下"行政轨道和"自下而上"自治轨道的关系，即农村基层党组织和村民自治的关系，通过两者的有效耦合、有效互构，实现乡村政治有效治理。

五 新时代乡村政治治理方法

政治的核心是权力，乡村政治治理主要是处理好国家权力与村民自治权力的关系，这两种权力关系又可以细分为中央政治权力、地方政府政治权力、乡镇政治权力、村干部政治权力和普通村民自治权力间的关系，在处理好各类权力关系中形成几种常见治理方法。

1. 压力型治理

压力型治理是一种比较常见的治理方法。在乡村权力关系中主要表现为两种，一种是压力型体制下的治理，即中央确定大政方针、地方政府根据地方实际制定本地区政策文件，县级、乡镇再层层接受任务，制定实施方案并执行目标任务；另一种是压力型体制的延伸，即乡镇在执行任务时分摊到每个村，每个村干部将任务分摊给一定村民。压力型治理有一定时限规定，也伴随相关奖惩机制。这种治理方法有利于将有限的人力、物力、财力集中起来，使乡村政治治理沿着国家大政方针前行，且任务落实程度的奖惩机制和区域、部门、干部间的政绩压力也有利于增强各地区、各部门干事的创业活力。但是压力型治理也有其局限性，压力型治理的核心是管控，自上而下延伸到村民管控，越向下，覆盖面越广，管控的不可控因素越多和效率越有限，在这个过程中会出现乡镇、村庄为本乡镇、本村庄绩效最大化而选择性治理、造假式执行、共谋式执行、折扣式执行或不执行，使政策实施效果大打折扣。缺乏乡村自治权力的积极参与，也易出现干部与村民间疏离，各级干部对上负责，各类部门将更多时间和精力花在应对各类检查评比上，在融入村民、帮助村民、协调村庄内部的各类矛盾上时间较少，难以满足村民多样化利益需求。

2. 协同式治理

压力型治理有很大优势，但也有很多弊端，随着国家治理现代化不断发展，协同式治理成为主流治理模式。协同式治理从纵向看，要厘清中央、地方、乡村、村庄干部间权责关系，既要保留压力型治理中集中力量办大事、维护社会稳定和秩序的优势，在战略上、方向上保证其正确性，又要权责明晰、分工合理；上级既要制定政策，做好实施方案，又要给予下级一定自主空间和自由权限，不能制定过多的考核指标，规定过细，使下级疲于应付，对下级、对基层进行一定程度赋权有利于发挥基层能动性，利于他们在直面问题、积极解决问题的过程中稳健成长。协同式治理从横向看，既包括体制内部门与部门、区域与区域、村庄与村庄间的协同，又包括国家权力与村民自治权力间的协同。协同式治理并不是各个权力主体间的简单聚合，而是"一核多元"党的领导下的协同治理，在中国共产党强有力的领导下，各级政府转变传统管控思维，树立服务思维，积极关注各类群体利益，主动搭建交流平台，整合各类资源，使各类主体尤其是村民充分参与乡村政治治理。但目前协同式治理尚处于探索实施阶段，在体制机制、治理体系、制度完善、能力培养等方面还存在不足，需要在实践中不断完善。

3. 嵌入式治理

除压力型治理和协同式治理外，国家权力和村民自治权力间还有一种常见的治理模式，即嵌入式治理。嵌入式治理就是让所有主体有效参与共建共治，在乡村中常会出现基层政府或基层干部与村民关系疏离，但村民依然贯彻国家意志，其中就有嵌入式治理的功劳。嵌入式治理主要包括人员嵌入、制度嵌入和价值观嵌入。人员嵌入是指国家积极动员、安排其他人员参与乡村政治治理，例如选拔第一书记带领乡村发展，选派驻村干部参与乡村振兴，鼓励乡贤回乡参与乡村建设等。制度嵌入主要指国家制度嵌入乡村自治的村规民约中，例如巧妙地将法律制度嵌入族规、乡村纠纷解决中。价值观嵌入即将社会主义核心价值观、社会主义意识形态通过电视、电影、短视频、文艺演出、"三下乡"活动、专题讲座、事迹报告会、文明家庭评选等村民喜闻乐见的形式传播，使社会主义核心价值观、社会主义意识形态深入村民内心，并外化为村民日常活动。所以，应积极寻找国家权力和乡村村落治理的契合点，使国家权力能有效渗透。

第四节 党组织领导的乡村文化治理体系

"中国文化以乡村为本，以乡村为重；所以中国文化的根就是乡村。"[①] 乡村文化渗透在乡村生活的方方面面，能凝聚农民价值观、引领乡村文明。乡村善治离不开乡村文化治理，乡村治理既要塑形，也要铸魂，没有乡村文化的繁荣发展就没有乡村治理的井然有序，也就无法实现乡村振兴。

一 乡村文化治理内涵

乡村文化治理就是立足于文化发展规律，推动文化供给、制度建设和服务内容的优化，以文化凝聚人心、塑造乡风、建立规范，构建具有现代新型关系的乡村文化建设格局，促进乡村文化自组织、自发展，从而实现村民文化诉求的满足与乡村社会的善治。乡村文化治理内涵可以从两个方面理解，一是将乡村文化作为治理对象，也就是对乡村文化"塑形"。因为尽管乡村文化中蕴含许多中华优秀传统文化，但也有一些糟粕影响村民幸福感，阻碍乡村善治，增加乡村治理风险，例如传统封建糟粕中重男轻女、男尊女卑思想等。此外，在乡村振兴战略推动下，尽管农家

---

① 中国文化书院学术委员会编《梁漱溟全集》（第一卷），山东人民出版社，1989，第612页。

书屋、乡村图书馆等乡村硬件设施逐渐增多,但"优秀的乡村传统价值观日益淡薄,乡村文化自信难以树立;乡村文化空间日益萎缩,传统文化被边缘化"[①] 等乡村文化的"软件"层面还存在不少问题。所以需要继续用社会主义先进文化、红色文化等各种优秀文化资源对乡村文化"塑形",重视乡村文化内生主体性力量、推进乡村文化现代化是乡村文化的内在需要。二是将乡村文化作为乡村善治的治理工具,使其发挥"凝魂"功效,即不只将乡村文化作为治理对象,同样重视乡村文化本身的价值和功能,强调乡村文化对乡村经济、政治、社会、生态等文化支撑和价值引领作用,这是乡村文化的外在要求,例如,将乡村非物质文化和景观文化作为经济资源,为乡村振兴实现经济价值。

二 党组织领导乡村文化治理历史

中国共产党始终重视乡村文化治理,根据时代需要和村民文化需求,将乡村文化建设置于各项乡村政策之中考量,使乡村文化治理取得明显成效。

新民主主义革命时期,党领导乡村文化治理主要围绕传播革命文化、培育革命意识而展开。在当时的乡村,文盲多,封建思想、迷信思想盛行,农民的小农阶级意识根深蒂固,为培育农民自主人格,提升农民的文化层次,提高农民的政治觉悟,激发农民对革命的认同,凝聚对革命的热情,推动革命向前进,引导农民向更高层次发展,中国共产党一方面通过在农村成立农民夜校、农民讲习所、农村书报社、农村戏剧社等方式,对农民进行思想教育和政治宣传;另一方面组织和动员各类主体,尤其是知识分子深入农村,走进田间地头,与农民打成一片,创造农民喜闻乐见的文化作品,促进农民广泛参与乡村文化治理。

[①] 刘鑫:《乡村振兴战略视域下乡村文化建设的现实困境与路径选择》,《东北农业大学学报》(社会科学版) 2023 年第 3 期。

社会主义革命和建设时期，党领导乡村文化治理主要围绕破除封建思想残留、建设社会主义文化、培养社会主义新人而展开。为争取党对乡村文化的领导权，传播主流意识形态和社会主义文化，中央加强顶层设计和制度安排，在各个村支部设置宣传员岗位，通过广播、座谈会、黑板报等方式宣传马克思主义、毛泽东思想，批判各种封建文化思想，用新文化形态重塑乡村文化。与此同时，扫盲教育广泛推广，乡村电影放映队、乡村文化站等文化供给体系的全面构建也使乡村人民文化素质得到较大提升。

改革开放和社会主义现代化建设时期，党领导乡村文化治理主要围绕满足村民多元文化需求、深化乡村教育而展开。改革开放后，村民谋生空间得到极大扩展，不仅可以在城乡之间流动，还能实现全球内流动，在多元价值、多种思潮冲击下，村民的文化诉求更多元多样，党通过电视、网络等方式为民众提供更具综合性、生活性、个性化文化。随着九年义务教育普及和职业教育推广，乡村受教育范围和程度也大幅度扩大和提升。但也出现"文化搭台、经济唱戏"情况，"市场经济极大地改变了农民的价值观念和生活方式以及基层政府的执政理念和行为趋向"[①]。经济利益成为衡量文化价值的重要标准，也成为村民间的交往准则之一，一些优秀传统文化和一些优良道德品质在经济利益驱赶下走向边缘甚至消失。

党的十八大以来，中国特色社会主义进入新时代，党领导乡村文化治理主要围绕文化自觉、文化自信、文化振兴而展开。党的二十大报告指出："发展乡村特色产业，拓宽农民增收致富渠道。"[②]一方面，党组织充分认识到乡村文化自身的多元价值，在去粗取

---

① 何卫平、张广利：《中国共产党乡村文化建设的百年探索、基本经验及新时代展望》，《理论月刊》2021年第10期。
② 习近平：《高举中国特色社会主义伟大旗帜 为全面建设社会主义现代化国家而团结奋斗——在中国共产党第二十次全国代表大会上的报告》，《人民日报》2022年10月26日，第1版。

精、去伪存真、与时俱进地对中华优秀传统文化进行创造性转化基础上，改变传统的"嵌入式"模式，将社会主义优秀文化与中华优秀传统乡村文化融合，使两者在耦合中引领乡村精神生活。另一方面，党更加重视乡村文化建设中村民的主体地位，提出构建多元主体参与的协同治理模式，使多元主体能自觉参与乡村振兴，增强乡村文化治理内生动力，扭转乡村优秀传统文化日渐式微的局面，实现乡村文化高质量发展。

三 新时代乡村文化治理主体

治理这一概念较传统管理而言，本身就包含主体的多元特性和合作共治特性，乡村文化治理将以往"压力型""行政主导"的乡村文化管理模式转变为多元主体共建共治共享的乡村文化治理模式。新时代我国乡村文化治理主要包括三大主体，分别是国家、村民和社会力量。国家主要指起领导和主导作用的基层政府和党组织。村民主要是生活在乡村的本地居民。社会力量主要包括参与乡村文化治理的企业、学者、文艺工作者和乡贤。

国家是乡村文化治理的领导主体和主导力量。国家在乡村文化治理中拥有多重角色。国家是乡村文化治理的顶层设计者，需要对乡村文化治理的各个要素、各个方面、各个层次统筹规划，以便能集中有效资源积极参与乡村文化治理。国家是乡村文化治理的政策制定者，制定的政策应能满足民众对美好文化生活的需求，能推动乡村文化发展。基层政府和基层党组织是政策的实施者，应认真落实乡村文化治理政策，秉持守护乡村共同精神家园的使命感。国家是乡村文化事业和文化产业的布局者，在乡村文化事业上，如何布局和管理乡村公共文化产业，如何盘活乡村公共文化资源，如何保护优秀传统文化遗产；在文化产业上，如何发展普惠性、公益性，既能引导村民精神文化追求向更高层级发展又能将文化建设与经济建设、生态建设相结合，这些都是作为布局者必须着力解决的问题。国家同样也是乡村文化"软"实力的引导者，乡村优秀传统文化中蕴含夫妻和睦、尊老爱幼、重义轻利、邻里互助、友好和善等优良品质，但是伴随城镇化进程的加快，改变了以往的熟人社会，村民流动频繁，原来主导乡村伦理的家族血缘之情、邻里之情逐步淡漠，市场经济下，乡村中重利轻义、唯利是图等情况增多，乡村内生精神秩序弱化，部分村民的精神世界走向异化，审美情趣、生活情趣、伦理价值观也发生变化，如何重塑村民的文化价值观，树立积极、健康、文明的乡村文化是国家亟待解决的问题。

村民是乡村文化治理的主要参与者和直接受益者。村民以家庭为自治组织参与乡村文化治理。家庭成员的荣辱观、道德观、与外界交往的行为准则和精神风貌都离不开家庭影响，家庭是村民的第一课堂，家风影响村民的精神内核。重亲情伦理、重道德规范、重义轻利的家庭也易教养出尊亲爱幼、遵纪守法、遵规守则、重视道德伦理的有德之人，因此在乡村文化治理过程中要重视家庭力量和家风作用。村民理应树立文化自觉意识，对本村文化要有一定的自知，知道本村文化产生的历史，发展的过程，有哪些特色，在乡村文化历史中感知文化的长度，在乡村建设历史中感知文化的厚感，在乡村社会交往中感知情感的温度，在成长的记忆中感受乡愁的深度。除文化自觉意识外，村民还应有主动参与乡村文化治理的意识和能力，实现对本地区文化的自我净化、自我完善、自我革新、自我提高，积极主动吸收先进文化、摒弃落后的价值观和异化的精神追求，主动构建文化共同体，如舞蹈队、健步走团队、敬老爱幼互助组织等，在参与乡村文化治理过程中感知文化治理的紧迫性和重要性，有条件的地区和个人也可以主动寻找本地区的传统文化遗产，保护、传承文化遗产。当然村民的"文化自觉"意识和主动参与意识的养成也离不开教育培养、宣传引导和各类资源、措施的保障。

社会其他力量是乡村文化治理的重要参与者。这部分社会力量主要包括企业、学者、文艺工作者、乡贤和其他社会组织或个人。企业分为两种，第一种是直接从事乡村文化事业和文化产业的企业，如企业兴建乡村旅游场所。第二种是以间接方式参与乡村文化治理的企业，如广播文化传媒企业和互联网企业。第一种企业一般出现在有丰富文化资源的乡村。而第二种企业广泛地影响乡村文化，它们传播的精神文化和价值理念渗透于乡村的日常娱乐生活中。以短视频为例，当前观看短视频成为许多村民茶余饭后睡前的娱乐休闲方式，短视频中既有弘扬正能量、传播优秀文化的精华，也混杂着伤风败俗、攀比炫富和传播谣言的糟粕，短视频平台企业应注重企业的社会价值，加强对视频内容的监管，引导更多健康、文明、优质短视频内容的产出。许多学者对乡村文化治理进行理论研究，而广大文艺工作者也深入乡村，走入田间地头，为乡村带来村民喜爱的电影、电视剧。而在各地，都有部分从乡村走出去的、分散在外地的"专家"、"能工巧匠"、官员、文艺工作者，他们来自乡村，热爱乡村，有深厚的乡愁，也有参与乡村文化建设的能力和资源，希望能回报家乡、建设家乡，他们为乡村文化治理注入新活力，是乡村文化治理的重要推动力量，他们就是现代乡贤。

四　新时代乡村文化治理客体

乡村文化治理对象主要是融合在乡村社会中的各类文化，包括传统乡土文化，国家体系内的主流文化、西方现代文化以及盛行的网络文化。法国学者皮埃尔·布迪厄在马克思资本理论基础上提出"文化资本"，认为文化资本有三种形式：主体化的形式包括文化所表现出来的教育、修养、身体、气质等；客体化的形式如图片、书籍、房屋、饮食、生产生活工具等；制度化的形式如乡规民约、价值理念、乡村文化仪式、身份与情感认同等。

"文化资本"的三种形式虽然不能说尽中国乡村社会全部文化,却对乡村内糅合混杂的文化进行分类有一定参考意义。

传统乡土文化是乡村文化的根,是中国人民在漫长历史长河中创造的宝贵历史财富。每个地区的村庄都有自己的语言习惯、饮食、服饰、村落建筑文化,以血缘关系结成有机整体、以家庭为圆心,以亲属关系为轴线,"像水的波纹一般,一圈圈推出去,愈推愈远,也愈推愈薄"①。往往血缘越紧密关系越亲近。家族内部的交往遵循伦理秩序,敬天地、祭祖先、尊老人、爱幼儿、崇尚礼貌,推崇一些家族内部仪式,如家族祭祀。家族外部的交往遵循制度化的村规民约和非制度化的熟人社会间的信任与友好。村规民约是村民自我管理、自我服务的方式之一,是村民在遵守法律的基础上,根据当地实际情况和需要,依据一定的民主程序表达村民共同意愿的方式,如乡村约定尊重生态、敬畏自然,不乱砍滥伐。而熟人社会间的信任与友好渗透于乡村社会的日常生活中,传统村民长期生活在由几十人或几百人组成的村庄里,村民之间相互依赖,来往密切,由于在熟人社会中大家彼此相熟,村民之间往往彼此信任,因此不诚信行为有可能让村民难以在村庄立足。而在"今天你帮他,改天你家里有事,需要人帮忙的时候,他也会帮你"朴素价值观的影响下,形成了"出入相友、守望相助"的和谐村落交往文化。团结友爱的家庭关系、和睦有序的邻里关系、原始美丽的自然风光,使传统村庄成为许多在外游子的精神家园。

传统乡土文化也存在许多消极因素。首先是迷信思想。在农村,某些迷信思想的存在有以下几个原因。一是家族习惯使然,二是科学意识缺乏,三是将其作为精神寄托,短时间不易彻底消除。其次是封建思想,如重男轻女思想、人治思想。尽管已有些

---

① 费孝通:《乡土中国 乡土重建》,北京联合出版公司,2018,第3~5页。

改善，但重男轻女思想、男尊女卑思想依旧存在。在传统文化影响下，乡村社会人治思想浓厚，法律意识、法律观念淡薄，"重调解轻诉讼"，遇到矛盾纠纷一般靠村里有名望之人出面解决，若解决不了，可能出现通过家族之间打群架的方式暴力解决。最后是小农意识。农民年复一年在自己的土地上耕种，尽管改革开放后变为家庭联产承包责任制，但小农意识依然作为一种长期凝固的文化形态传承，村民的人际交往局限于血缘和地缘，人际交往圈子狭小、圈子意识强、眼界不开阔、盲目自大；村民易满足、守旧保守、小富即安，不轻易改变现状，也不尝试创新；因为靠天吃饭，所以他们恐惧可以支配他们命运的力量，如皇帝，也因此特别崇尚权力，膜拜权力；他们逆来顺受，不善于争取自身权益，公共意识不强，对与自己相关度不高的事情也是"事不关己、高高挂起"。

在社会的快速转型中，中国传统乡土文化发生剧烈变化。一方面，城乡间的自由流动和城镇化进程使大量村民到城市谋生，或成为城市居民，家族亲情淡薄、邻里感情淡漠，乡村人口空心化使乡村社会交往文化淡化。"流动社会"状态下，一些村民在乡村停留时间较少，对村里公共事务漠不关心，公共文化组织者和实施者流失，长期生活在城市的年轻人也无暇关注家乡文化的发展。另一方面，传统乡土文化在向现代化转型的过程中也遇到了困难。在市场经济裹挟中和资本逻辑冲击下，在乡村的某些地方，金钱成为村民的最大追求，为了金钱兄弟姐妹之间大打出手、不赡养老人、不顾家庭道德伦理。金钱成为村民间身份高低的象征，村民间通过修建房屋、婚丧嫁娶、日常消费购物展现自己的金钱实力。传统文化中的制度层面、精神层面遭遇不同程度的解构，原有的文化秩序和文化结构发生变化，传统乡土文化中积极、优秀的文化因素没有被完全传承，消极、落后因素依然存在。重家庭、重人伦、重情义的乡村文化优良品质逐步荒漠化。

五 新时代乡村文化治理方法

乡村文化治理方法在实践语境和理论语境都会出现。从现有的实践路径和理论研究看，乡村文化治理方法主要包括外入式、内生式和内外耦合式三种治理方法。

外入式乡村文化治理主要表现为行政下乡、主流文化下乡、文化产业下乡和文化人才下乡。行政下乡是乡村文化治理之中最常见的形式。组织上，通过打造坚强的基层党组织、培养优秀的农村基层党组织书记，加强党对乡村文化工作的领导，使党在乡村的文化工作政策得以贯彻落实，配齐乡、村两级文化工作管理人员，使农村文化工作有人管、有人抓。硬件上，政府加强乡村公共产品和服务的投入，完善乡村文化基础设施建设，包括农家书屋、农村文化站、文化教育培训基地、公共文化活动场地等，但文化基础设施的供给应符合乡土特性，切合农民实际需求，供给与需求断裂会造成基础设施的限制与浪费。主流文化下乡就是将社会主义先进文化嵌入乡土文化中，创造出符合村民需求的优秀文化产品。以村民喜闻乐见的形式弘扬和践行社会主义核心价值观，通过政策宣传、理论教育开展学习贯彻习近平新时代中国特色社会主义思想主题教育，并通过树立先进典型，开展好儿媳、好公婆、好邻居评比等方式在群众中进行精神文明创建活动。但是，由于各地文化发展实际和宣传教育水平的差异，社会主义先进文化对农民群众的影响有限。产业下乡开展群众文化活动，包含挖掘本土文化人才、培训基层文化队伍、传承发展民间体育、开展节日民俗活动、支持文化志愿者活动等。文化产业下乡是指广大市场主体通过市场化手段，为乡村提供娱乐产品和公共服务。文化产业是污染少、产值高的朝阳产业。我国广大乡村拥有丰富多样的文化资源，如特色饮食、服饰、传统建筑、老手艺、田园景观等，文化资源与市场结合既可以优化乡土产业结构，又可以保护、传承优秀乡土传统文化，实现开发式传承。但文化产业下乡既要避免"经济唱戏、文化搭台"的重经济、轻文化现象，也要避免文化产业同质化、单一化、粗放化。文化人才下乡不仅包括文化、文艺工作者下乡参与文化建设，也包括社会工作者等其他人才下乡参与乡村文化工作的组织、挖掘、培育和传播。乡村文化治理离不开人才，在积极培育本土文化人才基础上，也应引导爱乡村、懂文化、爱农民的城市人才下乡，并为人才提供干事创业、实现自身价值的平台，最大限度激发人才的内在活力，让下乡人才能积极参与到乡村文化治理中。

乡村文化的内生式治理是指从乡村内部发掘乡村文化价值，并通过内部乡村人才培育促进乡村文化发展，表现为优秀乡村家庭伦理文化的传承与发展，乡村公共文化的内生与创新，乡村优秀传统文化遗产的保护。乡村文化能实现内源式发展的关键是文化自觉的产生，著名社会学家费孝通认为，所谓文化自觉是指生活在一定文化历史圈子的人对其文化有自知之明，并对其发展历程和未来有充分认识。乡村内生文化离不开文化自觉、文化队伍的构建。乡村内部首先要了解、认识内部文化的意义和价值，并对乡村内部文化有一定依赖感和自豪感，才会在情感驱动下自觉参与到乡村文化的反省和建设中，文化自觉的产生也是乡村文化价值观的转变，是民众被动接受文化供给、漠视文化变迁向积极参与文化转型的改变。文化自觉是乡村文化内生治理的前提。传统乡村社会以伦理为本，家族观念深厚。改革开放以来，传统乡村家庭伦理文化遭遇挑战，如弃养父母、兄弟反目、婚姻责任意识淡薄等。家庭伦理文化属于家庭私域文化，是可以依靠村民自主意识的改变而向好的方面转变的文化。家庭是乡村文化的基本单位，家庭伦理文化良序发展，可以促进乡村文化整体发展。乡村公共文化是敬老孝道、兄弟和睦、正义热心等优秀传统文化，传承、发展乡村优秀伦理文化，并成为乡村文化善治的重要内容。乡村公共文化是乡村公共领域的文化治理,多主体治理使相关乡村公共文化治理相对复杂,主要包括塑造乡风民风以及发展乡村特色村落文化,在塑造乡风民风中应将其与社会主义核心价值观、中国特色社会主义法治精神相融合。而本地特色村落文化的创造性发展离不开村内自发开展、村民自愿参与、文化骨干分子积极参与的村内文化组织。促进乡村物质文化遗产和非物质文化遗产在展示流传中保护、在适当开发中传承、在与科技和市场融合中创新。

外入式治理方式也有其局限性。外入式治理方式易出现外在输入与乡村需求相脱节,外在输入"悬浮"现象,空有其形却不易改变乡村文化内里。内生式乡村文化治理遭遇村民文化自觉意识不强、村民自主意识薄弱、村民参与文化治理动力不足等困境,所以适合乡村文化的治理方式是内外耦合式治理模式。耦合本来是自然科学术语,后引入社会科学中,一般两者存在相互联系、相互依赖时就会形成耦合关系。乡村文化治理的内外耦合模式包括顶层设计的统筹、文化治理主体和治理要素的耦合。内外耦合的乡村文化治理离不开顶层设计的保障。

第五节 党组织领导的乡村社会治理体系

乡村社会价值主要表现为改善乡村民生的价值和意义。根据第七次全国人口普查数据显示,我国常住城镇人口有90199万人,占人口总数63.89%,乡村常住人口为50979万人,占人口总数36.11%。也就是还有5亿多人常住乡村,与第六次全国人口普查相比,城镇人口比重上升14.21个百分点,即使我国城镇化水平再提高15个百分点,达到发达国家75%~80%的城镇化率,我国依然有3亿左右的人在乡村生活。在城镇化大潮中,出现了逆城镇化现象,并受到习近平总书记重视,他认为城镇化和逆城镇化相辅相成,两方面都要推动。随着乡村生态环境、社会管理、基础社会、公共服务不断改善,会有越来越多的人到乡村这个大舞台施展拳脚,乡村的人可能会越来越多,村民关于生存和发展方面的需求会越来越高。那么什么才是党领导下的乡村社会治理体系呢?

一 乡村社会治理内涵

"社会"指人与人之间、人与环境之间形成的相互联系的共同体,人们通过交往形成社会关系,社会也是各种社会关系的总和,是为共同利益形成的联盟。乡村社会是指居住在村落或散居在田野的生产者形成的社会关系总和,乡村社会界定村民活动和居住的范围,乡村社会关系包括个人与个人、个人与家庭、个人与集体的关系,乡村社会村民以农业为主要谋生手段,多有血缘关系。本文按照"五位一体"视角展开对党领导乡村治理体系的论述,"五位一体"包括经济建设、政治建设、文化建设、社会建设和生态文明建设,故此处的社会治理体系主要从社会建设视角展开。乡村社会治理离不开乡村社会建设,如果说我们把改善民生、发展社会事业看作是我们社会建设的主要内容,那么社会治理就是要解决在这些建设当中发生的各种关系、各种资源的配置问题。乡村社会建设以改善乡村民生为重点,解决村民最关心的现实问题,努力让村民过上更好的生活,在收入、教育、医疗、养老、住房、安全等方面取得新进展。

二 党组织领导的乡村社会治理历史

习近平总书记指出:"为人民谋幸福,是中国共产党人的初心"[①],这揭示了中国共产党在乡村社会治理的内在遵循与实践中

---

① 习近平:《在庆祝中国共产党成立 95 周年大会上的讲话》,《人民日报》2016 年 7 月 2 日。

对村民需求的供给，对村民需求的供给就是对民生的回应与满足。中国共产党领导人民对乡村社会的治理在社会发展条件相适应的基础上围绕人们的生产、生存、生活、发展需要而展开，在不同时期表现为不同方式和不同形态。

新民主主义革命时期以土地作为乡村社会治理起点，为农民提供基本生产资料。近代中国，帝国主义、封建主义、官僚主义三座大山压在农民头上，农民作为被剥削被压迫的对象生活在水深火热中，迫切需要有自己的土地能维护自身生产和生存。基于此，中国共产党根据时代环境，有步骤地结束地主对土地的垄断。1919年，毛泽东同志在其撰写的《民众的大联合》中提到要关注农民的土地和地税问题。1927年，大革命失败，在关系党和革命事业前途命运的危急时刻，党中央在汉口召开紧急会议，即"八七会议"，会上做出党的工作重心由城市转向农村的决定，确定土地革命和武装斗争的总方针，会上通过的《最近农民斗争的议决案》中明确提出"没收大地主及中地主的土地，分这些土地给佃农及无地的农民"[1]，从而保障农民获得土地的权利。中华苏维埃共和国时期，在中国共产党的领导下，苏维埃政府又出台了《土地暂行法》《中华苏维埃共和国土地法》等法规，从而通过土地保障农民的地权和人权，农民在政治和经济上翻了身。

社会主义革命和建设时期以兜底性民生为乡村社会治理主要形式。中华人民共和国成立以后，基于国家经济发展水平不高和农民有土地作为生产资料的现实条件，国家采取城乡二元的民生保障方式。城市居民以劳动保险和公费医疗为民生保障主要形式，乡村则以"五保"制度和合作医疗制度为主。《1956年到1967年全国农业发展纲要（草案）》中提出："农业合作社对于社内缺乏劳动力、生活没有依靠的鳏寡孤独的社员，应当统一筹

---

[1] 中共中央文献研究室、中央档案馆编《建党以来重要文献选编（一九二一——一九四九）》（第四册），中央文献出版社，2011，第442页。

划……在生活上给予适当照顾,做到保吃、保穿、保烧(燃料)、保教(儿童和少年)、保葬,使他们生养死葬都有指靠。"如果地权保障的是农民的生产资料,那么"五保制度"则保障村民的基本生活资料,但"五保制度"只能为农村最困难的群体提供救济性、兜底性保障,其他相对困难群体并没有被纳入保障范围。与此同时,为解决农民就医困难问题,国家培养大量"半农半医"的卫生员,卫生员依靠"两根手指、一根针、一把草"解决了乡村基本医疗难题。但是,由于经济发展水平不高,这个时期乡村民生保障水平相对较低,惠及面较窄。

改革开放与社会主义建设时期,以民生为重点的乡村社会治理成为市场经济改革的重要手段。党的十一届三中全会提出改革开放的伟大战略,党的十四大明确提出建立社会主义市场经济体制,为适应市场经济体制改革需要,能与市场经济进行良性互动的乡村民生改革保障体系也在逐步探索中,涉及教育、医疗、社会救助、养老等多个方面。教育是民生之基,为提高国民素质,1986年《中华人民共和国义务教育法》正式颁布,农村九年义务教育得到保障。随着人民公社体制逐步取消,赤脚医生无法通过就医获得工分而失去就医动力,村卫生室资金来源也难以为继,以农业为主业的农民难以在市场经济中获得更多财富、收入增长缓慢,因病致贫现象时有发生,为缓解农民医疗负担,2003年以大病统筹为主,个人、集体、政府多方筹资的新型农村合作医疗制度开始试点,到2010年基本覆盖全体农民。2007年,随着《国务院关于在全国建立农村最低生活保障制度的通知》颁布、乡村最低保障制度建立,以及改革开放进程的推进和党和国家对"三农"问题的重视,农民绝对贫困人口不断减少,但是依然存在部分农民吃不好、穿不暖、没有电、无干净饮用水等问题。为维护社会公平正义,让十分贫困的农民能解决温饱问题,2007年农村最低生活保障制度建立。2009年,农村养老保险制度实施,数千年来农民第一次有了自己的养老金。

中国特色社会主义新时代，以民生为主的乡村社会治理逐步摆脱为市场经济改革服务的从属地位，在提升人民的获得感、幸福感、安全感的过程中走向善治。新时代乡村社会治理瞄准村民对美好生活的需要，其中既包括物质需要，又包括精神文化需要、公平正义需要、"三感"需要等，在兜底性、普惠性保障基础上，改善型、共同富裕型社会服务体系也在不断地探索中，从老有所养到老有好养、幼有所教到幼有良教、劳有所得到劳有多得、病有所医到健康中国、住有所居到住有宜居、保护环境到生态良好、规避风险到全方位更全面的保障，以民生为重点的乡村社会治理体系覆盖面更广、保障水平更高、城乡地区差距更小、治理方式更加多样、多元、精准，能够更好地解决社会矛盾和满足村民需要，体现社会公平正义、乡村善治的目标正在逐步实现。

三　新时代乡村社会治理主体

党领导的乡村社会治理主体依然是国家、市场、社会和个人，各主体相互依存，共治共享。党领导的乡村社会治理以满足人民在不同阶段的需求为目标，但是需求如何确定，如何表达，又如何实现，各治理主体之间的权责关系如何，如何保障各类需求的满足和公平度的提升，形成国家发展、社会善治、市场扩大、村民发展的多元共赢局面。乡村社会治理是自上而下、自下而上双向互动，由内到外、由外到内双向发力的过程。

村民是乡村社会治理的基础性主体，是乡村内部各类民生需求的表达者和实现者。勤劳的中国农民期盼有满意的收入、良好的教育、舒适的居住条件、优美的生态环境、和谐的邻里关系、为民服务的政府、较好的社会保障、更高的医疗水平和更民主更公平更安全的美丽乡村。村民的民生需求不仅包括物质需求，还包括精神、法治、心理、生态等维度需求，乡村振兴不仅包括产业振兴，还包括人才、文化、组织和生态振兴。美好生活是奋斗出来的，农民群众各类需求的满足首先要依靠自己，农民成长于乡村，依赖于乡村，对乡村有很深的感情，对美好生活有很大的期盼，对实现美好生活有很强大内生动力，对乡村社会善治有优良的传统，他们的积极性、主动性、创造性地充分发挥直接影响乡村社会治理效果，所以，党领导的乡村社会治理并不是传统自上而下的乡村社会管理模式，而是应该充分尊重农民主体地位，了解农民意愿，传承乡村社会治理中的优良传统，使村民有更强的获得感、幸福感和安全感，积极参与乡村社会治理。

国家是乡村社会治理的主导性主体，通过提供政策体制、公共服务、监管纠偏，保障村民各类民生需求实现。国家作为乡村社会治理主体，其主要职责是维权和维稳，通过制定乡村社会治理政策、创新乡村社会治理体制、整合乡村社会治理资源、完善乡村社会治理格局、健全乡村治理组织网络，完善法律系统，团结农民群众力量，整合广大人民群众利益，动员村民和其他社会主体广泛参与到乡村社会治理中，与村民、各类社会主体多元化协同，共同为村民营造良好、和谐、安全、稳定的乡村社会环境，使村民的需求、合法权益得到满足，促进国家平稳健康发展。为此，国家颁布多项与乡村社会治理有关的制度文件，21世纪以来，国家颁布与乡村民生保障相关文件的频率非常密集，改革速度明显加快。以乡村医疗为例，2002年，《中共中央、国务院关于进一步加强农村卫生工作的决定》提出要建立新型农村合作医疗制度，2003年新型农村合作医疗制度（以下简称新农合）在全国试点，2010年新农合覆盖全国乡村的80%，2011年卫生部、民政部、财政部联合发布《关于做好2011年新型农村合作医疗有关工作的通知》，将新农合的补助标准由每人每年120元提高到每人每年200元，住院报销比例提高到70%左右。往后的几年，国家陆续出台多个文件提高新农合补助标准和报销比例，2022年，不仅报销比例上调，报销药类品种增加到2500种，新政策还规定80岁以上的高龄老人、残疾人、未满16岁的孤儿、建卡贫困户、低保户、五保户、国家优抚对象不用缴费也可享受参保人员福利。由此可见，党和政府始终在探索民生问题解决之道，高度重视乡村社会治理。

市场是乡村社会多元共治主体之一，是乡村社会治理的重要组成部分。尽管乡村社会治理离不开政府的规划设计和政策指导，政府的推动是乡村社会治理的关键，村民是乡村社会治理的内在力量，是乡村社会善治的受益主体和实施主体，但上下互动和内外发力离不开市场的补充。资源缺乏和人才短缺是乡村民生问题解决的重点，也是乡村社会治理的难点，需要产业、技术、资本等多种资源综合发力，也需要人才带动产业转型，管理升级和村民参与社会治理能力提升。市场将农村富余劳动力转移到城市，也将城市先进理念和进步思想转移到乡村；市场将先进的技术、科学的观点带到农村，科学技术的广泛使用改变了乡村生产方式和村民生活方式，村民参与乡村社会治理的方式更加多元，即使是流动在村外的村民也可以通过微信、QQ等方式参与到乡村各类公共事务治理中。

在乡村社会治理中，要正确处理村民、国家和市场的关系，国家不能大包大揽，不能完全由市场主导，也不能完全依赖村民，三者各司其职，功能互补，才能实现乡村善治。

四 新时代乡村社会治理客体

乡村治理客体即乡村治理对象，主要包括乡村社会建设、乡村公共事务和乡村社会治理成果分享，以村民需求为出发点，构建共建共治共享的乡村社会治理格局，是乡村善治的重要途径。

以满足民生需求为重点的乡村社会建设是乡村社会治理的重点。民生具有多样性、阶段性、持续性特点，不同时期不同阶段民生需求表现不同，不同人群民生需求也不一样，国家和社会能够满足的民生需求在不同阶段也不相同，不同阶段不同类型的民生需求也反映出乡村社会建设的不同内容。高和荣提出按照乡村民生发展的阶段性特点和国家社会对民生的满足能力，可以将民生分为托底型民生、基本型民生、改善型民生和富裕型民生。[①]托底型民生也常被称为兜底性民生，主要是保障乡村贫困人口和弱势群体的基本生活，其主要救助方式是物质救助，如建卡贫困户的学费减免、新农合缴费减免等。乡村兜底性民生以保障乡村困难群体能吃饱、穿暖为目的，是一项保底性基础工作。基本型民生可以叫作基础性民生，面向全体村民，主要用于满足村民基本生活需要，包括家家能享受的基础教育、基本就业服务、基本医疗健康服务、基本养老保险等方面的内容，基本型民生也是普惠型民生，惠及所有村民。改善型民生以村民日益增长的对美好生活的需要为靶心，反映所有村民在基本生活需要基础上更多样化、更具个性、更高层次的需要，例如从吃得饱到吃得好再到吃得健康，从穿暖到穿得好看再到私人定制等，也反映出村民对民生更高的追求与期盼。富裕型民生指我国经济社会发展到较高水平的民生待遇，项目最全，涉及村民生产生活多个方面，不仅包括物质也包括精神文化、心理健康等多方面服务，质量极高，村民的"三感"也极强，但还具有一定的理想特性，需要全体人民共同努力。

共同治理好乡村社会公共事务是乡村社会治理的要求。乡村公共事务包括教育、医疗等民生性公共事务，电网、公路、通信等基础设施性公共事务和化解乡村社会矛盾、防范乡村社会风险

[①] 高和荣：《论托底型民生》，《北京师范大学学报》（社会科学版）2020年第3期。

等安全稳定方面的公共事务。无论是民生性公共事务还是基础设施性公共事务，都不能改变其服务本性，要改变基层政府大包大揽、投放公共服务相脱节的局面，充分利用互联网技术拓宽村民以及其他主体参与乡村公共服务的渠道，使在外流动人员也能参与其中。充分照顾各方利益需求，听取各方面意见，吸纳多元主体参与，在共商共治中形成最大公约数。安全稳定方面，公共事务的核心是村民利益的表达、乡村社会矛盾的化解和乡村社会风险的防范。应畅通村民利益表达机制，高度重视村民利益协调，不能一味压制，敷衍了事或置之不理。及早发现村民与村民之间、村民与村"两委"之间、村民与其他组织之间的矛盾，尽量积极协调处理。例如村民与乡镇排污企业之间的矛盾、村民与征地企业的财产纠纷、村里家族与家族之间的矛盾等，尽量做到事前评估、及早发现、及早解决，避免出现恶性冲突。建立乡村重大风险评估机制，项目投放要评估其可能造成的社会风险，以及村民对风险的接受能力，必要情况下停止风险项目的进行。例如，某地因污染型企业严重破坏当地乡村生态环境，村民苦不堪言，给村民的身体健康造成无法逆转的损失，出现"癌症村""怪病村"，这样只顾经济不顾民生的短视性项目就应尽快停止，且今后也不能再出现。

让村民共享乡村社会治理成果是乡村社会治理的落脚点。无论乡村是传统熟人社会、流动村庄，还是半熟人社会，乡村社会治理的根本目的都是实现乡村振兴，村民应该成为乡村社会治理的共享者。良好的乡村社会治理是实现国家治理现代化的重要内容，是传承乡村优良治理文化的需要，亦是满足人民对于田园诗画式美好乡村的向往，是许多在外游子的精神家园。人们共享乡村善治的积极成果，但在其中最应该直接享有乡村社会治理美丽果实的是村民，村民到底需要什么，他们追求什么，他们的实际困难有哪些，村民如何表达权益，精英阶层在村民表达需求中发挥着什么样的作用,党和政府能从哪些方面入手以满足村民不断增长的需求,与村民相关的各类矛盾如何用村民乐意的方式去解决等,这些问题在制定乡村社会治理的政策之初就应该充分考虑,以村民需求制定政策、执行政策,这样村民才能享受良好政策带来的积极成果。不切合村民需求实际的投喂式、堆放式治理方式,不考虑村民感受,不尊重村民意愿的粗放式、粗暴式治理方式都只是机械地完成上级任务,并不能真正让村民共享乡村社会治理成果。

五 新时代乡村社会治理方法

乡村社会治理既需要国家顶层设计,各级党委、各级政府执行,又需要乡村社会内部积极行动,乡村外部输入与内部驱动积极统一。外部输入、内部驱动、中间执行形成乡村社会治理共同体是乡村社会治理的基本方法,三者也实现乡村社会治理宏观、中观、微观的有效衔接。

党领导的制度、组织、动员等机制给乡村社会治理外"塑形"内"铸魂"。在乡村社会治理中,党和政府层面制定一系列政策文件、规章制度、法律法规以规范和引导乡村社会治理过程中的行为,如社会保障制度、生态环境保护制度、乡镇党组织管理的民主协商制度等,这些制度对各类主体参与乡村社会治理的行为提供强制性规则,让乡村社会治理有据可依,有法可依,利于乡村社会治理更加规范化、有序化、现代化、高效化。制度制定后,如何宣传,如何执行,如何积极解决制度中相关问题,如何对制度运行进行闭环反馈,都离不开党领导的乡镇基层党组织、基层政府的分工、协调、执行与能动反馈,除制度、组织规范外,社会动员也是党领导乡村社会治理的一大法宝。党通过社会动员贯彻执行党和国家在乡村社会治理方面的理念,动员方式包括口口相传、发布通告、开会、广播播放、微信动员、基层工作人员入户宣传、乡村社会精英入户宣传等多种方式,动员的主要目的是提高村民参与乡村社会建设和公共事务的积极性、主动性和创造性,动员效果与政策文件满足村民的需求程度、村民的期望值和动员广度与深度有关。因此,要进一步完善乡村社会治理制度文件,使其更符合村民实际要求,更具科学性;完善乡村组织管理体系,提高乡村社会基层党组织和基层政党的领导力和执行力;完善乡村社会动员机制,使动员成效更加显著。

乡村内部人员构成、生活条件、文化环境等因素是乡村社会治理的内在实际。乡村社会治理离不开村民,但是村民结构构成多样。有的村庄多由老年人留守,青壮年较少,多在城市安家,儿童也随父母到城市生活;有的村庄部分青壮年尚未在城市安家,关注村庄发展;有的村庄相对富裕,外出就业者较少,村民十分关注村庄的各类事务处理和乡村社会建设;有的村庄偏远、分散;有的村庄靠近城市,居住集中;有的村庄道德观念浓厚,村民间互相帮扶、亲人间互相照顾。传统"德治"一直都是协调村庄各类矛盾分歧的主要方法,但也有村庄村民间关系疏远,村庄内部公共道德观念薄弱,公共精神匮乏,传统"德治"在治理此类村庄过程中收效较小,"法治"是村庄治理的主要方式。由此可见,不同类型村庄其社会治理模式有一定差异,治理方法也应个性化。

乡村社会治理共同体的形成和作用发挥是乡村社会治理内外联动的中介,从中观层面联结国家逻辑和乡村底层逻辑。根据党的十九届四中全会的要求,乡村社会治理共同体构建应是"党委领导、政府负责、民主协商、社会协同、公众参与"。共同体特点是资源共享、平等对话、民主协商、相互依存、互惠合作。乡村社会治理共同体的主体包括党委、政府、市场主体、社会组织和村民。乡村社会善治需要各主体通过互动协商确立各自权利与职责,自觉回应并积极解决乡村社会治理中的问题。乡村社会治理共同体的形成有其天然的基础。乡村社会是情感共同体,村庄内部形成以亲缘为关系的共同情感和以地缘交往为关系的共同情感,村民之间一般礼尚往来,注重情感交流,也易形成相互影响的情感共同体。乡村社会容易结成目标共同体,为共同目标村民间团结合作,出人出力,共同促成目标完成。以修村级公路为例,有些乡村政府财政支出不能支付所有费用,就会动员村民出钱出人共同完成村级公路修整,村民一般会积极主动出钱,热火朝天出力。乡村社会容易形成利益共同体,尽管在市场经济影响下,乡村社会分化明显,有些已在外买房成家,有些尚在村庄生存,但在遇到对村民利益影响较大的事件时,村民间极易形成利益共同体,为共同利益积极参与乡村事务。例如,一旦村里出现危害村民健康的污染性企业,无论是村庄常住人员,还是在外游子都会积极反抗这一企业,其中在外游子大多因其掌握更先进、更全面的维权方式,在维权过程中发挥的作用不可估量。由此可见,乡村社会有形成社会治理共同体的基础,但乡村社会在没有遇到关涉共同利益的事务时容易分散化、原子化,构建乡村社会治理共同体需要在承认这一事实的基础上克服困难。

第六节　党组织领导的乡村生态治理体系

一　乡村生态治理内涵

生态指生物在一定环境下生存和发展的状态,反映生物与环境的相互关系。德国动物学家海克尔从动物与环境关系视角提出生态一词。生态学分为多个学科,研究人与环境间相互关系的学科为人类生态学,乡村生态治理也属于人类生态学研究范畴。乡村生态治理指通过治理实现人与自然和谐关系,这个和谐关系包括两方面内容。一是尊重和保护自然特性,尊重乡村自然环境内部的生态系统和运行规律，乡村的光、热、水、土、气、动物、植物、微生物都有其内在的生存和发展系统，例如依据土地特点划分土地类型，不同气候条件、不同地貌条件下的土地对农、林、牧业的适用性不同，对农作物种植要求也不同。因此，要依据土地自身特点合理利用土地。二是将乡村的生态价值与经济价值、人文价值、社会价值融合，既能保护生态环境，又能使生态优势转化为经济发展动力、村民精神寄托和人民美丽家园，为乡村生态发展注入更多活力，使人与自然和谐共生。

良好生态可以为人民身体健康和生命安全提供基本条件，契合村民对美好乡村生活的需要与期盼，增强村民安全感和幸福感，恶劣的生态环境不仅威胁、危害村民身体健康，使村民在当地生存困难，还会使村民背井离乡，到其他地方寻找出路，进而加速乡村空心化。良好生态可保护和改善乡村生态环境，使乡村各类资源如土地资源、森林资源等世代传承，为乡村社会和中国的和谐稳定提供环境基础。良好生态还利于乡村培育新经济增长点，实现"绿水青山"向"金山银山"转化，有利于发展乡村生态产业，丰富乡村优质生态产品，全面促进乡村生态振兴。

随着我国对生态问题的重视，国家对于工业污染和城市生态治理给予充分的重视，但对乡村生态治理的重视程度和投入力度还不够，乡村个别地方出现企业污染耕地环境、水资源环境，导致村民生病的情况，有些乡村本身也存在乱排乱放乱丢垃圾乱打农药的情况，乡村生态治理已经迫在眉睫。党中央也十分重视乡村生态治理，党的十九大报告中将"生态宜居"作为乡村振兴总要求之一，提出了生态治理目标之一："宜居"。2017年12月中央农村工作会议又提出"让农村成为安居乐业的美丽家园"，为乡村发展增添更多令人向往的目标，党的十九届四中全会则明确指出乡村生态治理要求，"即坚持和完善生态文明制度体系，促进人与自然和谐共生"。2020年中央一号文件提出要治理农村生态环境突出问题。乡村生态治理是乡村生态振兴、乡村全面发展的重要条件，乡村生态治理历史如何，现阶段谁治理、治理什么、如何治理等问题是党领导乡村生态治理中要弄清楚的问题。

二 党组织领导的乡村生态治理历史

1949年以前新中国尚未成立，且1921～1949年中国大地上战乱不断，民不聊生，生存尚且困难，生态治理自是奢望。所以，本书对乡村生态治理历史自新中国成立开始梳理。

社会主义革命和建设时期，党领导人民探索服务于生产的乡村生态治理模式。新中国成立之初，百废待兴，人民贫困，经济落后，各种自然灾害频发，人们急切地想要改变生活困境和经济落后的状态，自然、天地成为斗争对象，"人定胜天""战天斗地""改天换地""向自然开战"等话语充分展现人们渴望战胜自然、征服自然灾害的决心与毅力，为更好地实现"生存保护"和"生产保护"，党领导人民开展"治山理水"的生态治理活动。一是兴修水利。水利设施年久失修、洪灾频繁，给人民生产、生活造成很大损失，党认识到治理水域的重要性，因此毛泽东同志先后提出治理黄河、淮河和海河的号召。二是植树造林。长时间对土地过度开垦，使水土流失严重，毛泽东发出"植树造林"号召，提出"种树需要长期种，搞他个十年八年，十年树木，百年树人"。期望通过植树造林保护水土环境。三是对土壤分类，依据土壤特点进行农作物耕种。四是成立"爱国卫生运动委员会"，动员人民讲究卫生、减少疾病，并将爱国卫生运动与"除四害"运动结合起来。尽管采取多项生态治理措施，但这个时期的乡村生态治理以乡村生产、生活改造为目标，服务于经济发展，生态保护理念还没有上升到国家战略层面。

改革开放和社会主义现代化建设新时期，乡村生态治理经历从以经济发展为主、兼顾生态保护到经济发展与生态保护并驾齐驱的转变。到20世纪70年代初期,土地过分开垦、水土污染、森林资源和草原资源的破坏使乡村生态问题不断暴露。1972年,联合国在瑞典召开第一次人类环境会议,中国政府参加此次会议,他们认识到在经济发展过程中如果不重视生态环境保护,就会出现严重的生态环境问题。1979年,《中华人民共和国环境保护法(试行)》出台,相关部门也随后出台农业生态环境保护法律条文和规章制度。随着城市生态保护升级,大量污染性企业从城市搬到农村,农村生态问题更加复杂。1986年,国务院颁布"中华人民共和国国民经济和社会发展第七个五年计划"强调乡村生态保护的重要性并禁止城市向农村转嫁污染。1992年,联合国强调环境与经济发展并重的联合国环境与发展会议召开,会议围绕环境与发展这一主题展开,说明经济发展与环境保护可以齐头并进,同年,我国"可持续发展战略"确立。2005年,党的十六届五中全会提出包括"村容整洁"要求的社会主义新农村建设。2007年,党的十七大首次将"生态文明"写入报告,并提出建设资源节约型、环境友好型社会。由此可见,中国特色乡村生态治理之路逐步形成,但此时乡村生态治理主要是以政府为中心的生态治理模式,其他主体的积极性、自觉性还有待挖掘。

新时代乡村生态治理从理念上打破生态与经济社会发展并驾齐驱、走平行道路的思维模式,确立生态与经济社会一体化发展,在一定条件下相互转化的治理理念,也就是"两山论"治理理念。新时代乡村生态治理在治理主体上改变传统的政府中心模式,而强调多元主体协同参与治理。在治理体制上,党的十八大以来,为落实地方监管责任,避免地方保护主义干预生态,解决跨区域跨流域的环境问题,规范地方环保队伍。2016年9月,省以下环保机构垂直管理体制改革指导意见出台,同时中央开展经常性环保督察,从而确保环境监管部门的权威性和有效性,也减少乡村生态恶性事件发生。在治理体系上，2015年党中央要求"形成源头预防、过程控制、损害赔偿、责任追究"的生态文明制度体系，2019年党的十九届四中全会提出建立健全严格的生态保护制度、高效的资源利用制度、完善的生态保护与修复制度、严明的生态保护责任制度，从而使生态治理顶层设计更加成熟，乡村生态治理也包含在其中。

三 新时代乡村生态治理主体

新时代，乡村治理要遵循"构建政府为主导、企业为主体、社会组织和公众共同参与的环境治理体系"[①]，乡村生态治理体系主体包括政府、企业、社会组织和村民。生态学中有一个理论可以概括生态治理中各主体间的关系，即"共生理论"。"共生理论"指出，共生现象是共生单元间的相互吸引合作与补充依赖，共同进化、共同发展、共同适应是共生的深刻本质。人与自然"共生"，政府、企业、社会组织和村民在生态治理中也呈现正相关关系。新时代要实现四大主体积极主动参与乡村生态治理，将其置于乡村治理体系中，才能实现乡村生态治理现代化。

政府是乡村生态治理的主导者和引领者，在乡村生态治理中的主要职责包括政策制定、宣传教育、搭建平台、加强管理、督查实施五个环节。乡镇党委、政府和乡村基层党组织应在遵从国家和地方关于生态保护法律法规和政策文件的基础上，结合本地实际制定更细化、更利于实施的政策文件，并引导将生态治理写入村规民约。政府对村民进行生态保护方面的宣传教育以更形象、更直接、更易懂的话语，采取多样方式阐释生态保护方面的政策法规文件，使其他主体一方面能自觉维护生态环境、自觉参与生态治理，另一方面也尽量避免村民因为不懂法，而受到生态

---

① 习近平：《决胜全面建成小康社会 夺取新时代中国特色社会主义伟大胜利》，《人民日报》2017年10月28日。

保护类法规惩罚。政府搭建平台对内表现为政府在乡村加强生态文化、生态保护类社会组织和志愿团队的建设，在乡村内营造良好生态保护氛围，也能推动乡村生态事务工作专业化治理；政府搭建平台对外表现为积极引进能促进当地"两山"转化、能推动当地生态发展的企业在当地开展生产经营活动，从而盘活并优化当地生态资源，实现绿色发展。督查实施主要指政府检查企业、社会组织、村民的生态行为，通过及时奖惩使其他治理主体行为在政策、法律范围内进行。

村民是乡村生态治理的直接实施者、监督者和享有者。爱美之心，人皆有之，一般情况下，每个村民都希望自己的家乡山清水秀、人杰地灵、纯净无污染，这是内在精神要求也是外在生存要求。但是，为了生存、生产、生活，村民也会以经济利益为中心，忽视生态环境，例如为让农作物获得更高的经济价值，村民大量使用农药化肥，所以应从认知层面改变部分村民重物质利益轻生态保护理念，使村民明白生态恶化的危害、生态保护的重要性，认识到"绿水青山就是金山银山"，自觉提升"两山"转化能力，积极参与乡村生态治理。村民也是乡村生态治理监督者，政府引进的企业在经营过程中是否遵守生态有序发展规范，是否有致使生态恶化的行为发生，政府是否重视生态，乡村各个项目是否会破坏当地生态环境，村民既是乡村生态良好的直接受益者，也是生态恶化的直接受害者，他们有积极参与本地区生态治理的权利与义务，因此应提高村民参与积极性、生态治理主体意识和参与治理能力，使村民像爱护守护家庭一样守护家乡生态。

企业在乡村生态治理中发挥重要作用。《乡村振兴战略规划（2018—2022年）》中要求"鼓励利用外资开展现代农业、产业融合、生态修复、人居环境整治和农村基础设施等建设"。《农村人居环境整治三年行动方案》中鼓励国家开发银行等金融机构为农村人居环境提供资金保障，支持当地政府与社会资本合作参与乡村生态治理项目。企业与乡村生态间取得联系，主要有以下原因。一是在当地政府积极推动下，企业参与政府主导的乡村生态治理项目。二是企业在乡村建立厂房，从事生态相关或者农业相关的事业。三是企业在乡村从事与生态不相关、与农业不相关的事业。在乡村生态治理体系中，企业的主要作用包括协助政府参与乡村生态治理的项目建设，规范自身生产、改进生产工艺、清洁生产，平衡生态效益与经济效益的关系，帮助村民提升"两山"转化能力，使乡村生态在企业介入下实现在生态保护基础上的经济社会发展。

社会其他力量也是乡村生态治理中不可缺少的力量。社会其他力量包括乡村生态治理科研机构、各类乡村生态治理类社团或组织、生态治理中各类其他积极行动者。高校、企事业单位和其他科研机构在乡村生态治理的理论研究的丰富、治理技术的提升、治理装备的升级、生态治理人才的培养等方面发挥重要作用。环保组织和各类生态治理社团壮大了乡村生态治理的宣传力量，他们的积极参与可以提升农民参与生态治理的主体意识，同时作为第三方机构，能更客观地评价乡村企业和各类项目对生态的影响，更独立地开展监督评估工作，为生态治理建言献策。

四 新时代乡村生态治理客体

对新时代乡村生态治理客体的治理包括对乡村环境污染的治理、对乡村自然生态的保护与优化以及对"两山"相互转化的治理，即将治理污染、优化生态、生态优势转化作为经济优势，使生态实现保值增值的三个过程。

1. 对乡村环境污染的治理

按照污染来源划分，乡村环境污染主要包括生产污染和生活污染两方面。生产污染主要指农业生产和企业生产造成的污染。乡村生产以农业生产为主，但当下农业生产的生态健康状况并不乐观,主要污染为土壤污染、水域污染和农产品污染。为减少病虫害发生,让庄稼长势更好,村民在农业生产中大量使用农药化肥,这不仅威胁土壤环境,还影响乡村水源和农产品安全。企业生产污染主要来自乡镇企业和从城市转移到乡村的企业。大部分乡镇企业的防污治污意识差且防污治污能力薄弱,其生产过程中产生的废渣废气废水对乡村环境影响明显。随着城市生态治理力度加大和环保意识增强,将企业搬到乡村成为许多污染型企业的选择。乡村监管相对薄弱,村民话语权不强,污染型企业导致水污染、土壤污染、空气污染现象严重。乡村生活污染主要来源于生活垃圾和生活废水。尽管从2018年开始实施农村人居环境整治,扭转农村长期以来存在的脏乱差局面,但农村人居环境质量不高且发展不平衡,不能满足村民对美丽乡村生活的需要,厕所革命、垃圾无害化处理、生活污水处理都属于生活污染治理范围。

2. 对乡村自然生态的保护与优化

森林、青山、绿水、草地、耕地、动物、植物等形态构成乡村自然生态系统,有污治污,在治理乡村中由人为原因导致环境污染的同时也要对乡村自然生态系统进行修复、保护和优化。首先是生态空间布局的优化。建立自然生态保护红线,优化生产、生活、生态空间,加强对脆弱生态区、濒危野生动植物区的保护,拟定保护区附近农业生产建设方案,完善生态补偿机制,平衡农业生产与生态保护关系。同时,优化农业生产空间、工业生产空间、村民居住空间、生态保护空间的划分,尽可能减少工业生产对农村人居环境和生产环境的影响。其次是对乡村生态功能的优化。人与山水林田湖草沙是生命共同体,乡村生态优化升级也是人的实践活动优化升级,包括农业生产升级、土地耕种综合治理、生物多样性保护等全面升级。加快农业产业结构升级,积极发展生态农业、绿色农业,优化土地使用结构,提高土地利用效率，对村庄各类生物进行摸底，掌握其他生物变化趋势，构建生物多样性保护网络，经过多方面多角度努力，乡村生态系统才能逐渐稳定，不断优化，形成生态优势。

3. 对"两山"相互转化的治理

对"两山"相互转化的治理包括生态优势的树立、生态认知的改变和"两山"转化的能力。习近平总书记2005年提出"绿水青山就是金山银山"的"两山"理论为我们重新认识乡村生态治理与乡村振兴的关系提供新视角。在摆脱生态贫困、对生态进行修复、保护、优化之后，如何实现生态保值增值，将生态优势转化为生态农业优势、工业优势、旅游优势，实现环境资源到生态资本的转化，实现"产业生态化、生态产业化"，用生态"缩差共富"，这是乡村生态治理的目标之一。"两山"理念是可操作可践行的理念，对资源禀赋不同和经济发展阶段不同的乡村应采用不同的生态治理方法，环境污染严重或生态脆弱地区应边治理生态边发展经济，侧重于绿色发展，生态资源丰富但经济贫困地区则可进行生态资源的经济转化，但应避免短视发展，需重视生态资源的价值储藏，更不可走以生态换经济、破坏生态资源的老路，所以在实现"两山"转化过程中既要重视当前生态优化和经济效益的呈现，又要实现两者的转化，能可持续发展，避免透支未来。当前，我国"两山"转化的实践大多处于摸索阶段，对转化的认知不够充分，能力也有待提升，转化市场机制不够完善，制度也不够健全，还需加强顶层设计，健全转化机制，优化转化渠道。

五 新时代乡村生态治理方法

系统治理是新时代乡村生态治理的主要方法。乡村生态治理是一个巨大的系统工程。要做到治理主体利益多元协同、治理对象时空结合、治理策略刚柔并济。

治理主体多元协同。政府、企业、村民、社会组织是乡村生态治理的四大主体，多元协同已经成为共识，那么如何实现多元协同呢？首先，要划分各类主体在乡村生态治理中的职责。村民是美丽乡村的受益者，也是乡村生态污染的直接受害者，是乡村生态治理中最广大、最直接的力量，他们有需求也有动力做好家庭生产、生活的生态修复、保护工作。地方党政是乡村生态治理的主导者、引领者，负责乡村生态治理顶层设计的构建、制度法规的完善、宣传教育的推进和主体间协同配合的穿针引线。企业是生态破坏的制造者、生态产业化的受益者，在生产过程中维护生态平衡的同时应积极推动生态产业链构建，加快"生态产业化、产业生态化"步伐。社会组织是乡村生态治理中的"螺丝钉"，以"小而微"的形态渗透于乡村生态治理多个专业化层面。其次，要唤醒各类主体的治理意识和协同意识。自觉能动性是主体的主要特征。乡村生态治理主体首先要认识到自己的主体责任，在责任意识推动下，自觉承担主体责任，自觉配合其他主体，主动参与乡村生态治理主体协调网络构建。再次，构建动态和谐协同治理网络。生态治理是具有公私双重属性的公共治理，因私废公会使生态在资源争夺中遭到破坏，使生态治理不具备长久存续的空间，公私平衡的关键是找到主体间的利益共同点，使主体间私利退让达到生态动态平衡。最后，在协同治理实践中完善协同治理方法。在协同治理实践中各主体对主体责任的实施程度、主体间的对话效果、交流的顺畅度、各类决策的科学程度都会影响乡村生态治理实践效果，所以要在不断总结、归纳和反思中前行。

治理对象的时空结合。乡村生态治理从时间维度分为三个阶段，即生态修复阶段、生态优化阶段和生态转化阶段。生态修复阶段要求实现"穷山恶水"向"绿水青山"转变；生态优化阶段要求完善生态系统的布局和结构，使"山更青、水更绿、天更蓝";生态转化阶段则要求实现"绿水青山就是金山银山"的相互转化,三个阶段并非必须直线运转,也可以同时进行。在生态空间上,要加快乡村治理进程,早日实现"两山"顺利转化,这需要乡村治理空间上的配合。合理规划土地使用布局,优化生产、生活、生态的结构分布,构建田园立体型多功能生态系统,打造人与山水林田湖草沙生命共同体,在保障生态平衡的同时实现经济产值提升。在治理空间上,将条状管理改为条块结合治理方式。无论是自我管理的家庭联产承包责任制还是接受对应部门垂直管理的农林牧环保,都属于"统一领导,分级管理"的条状管理模式,术业有专攻,条状管理利于管理细致化和专业化,但是乡村生态治理是一个大系统工程,需要各类管理者、各个部门间密切配合,条状管理易出现部门与部门之间"踢皮球"、主体与主体之间相互推诿,使乡村生态治理碎片化。条块治理即将条状治理和块状治理相结合,整体设计,系统推进,重视条与条之间的沟通协调和块与块之间的科学分类,既要避免"撒胡椒面"又要避免"踢皮球"。

　　治理策略的刚柔并济。乡村生态治理需要刚性治理维护生态治理底线。法律、制度、管理、监督、奖惩等刚性治理方式是乡村生态治理的防火墙,有了强制性约束,划出生态治理红线和底线,人民才会心存敬畏,自觉遵守生态方面的法律文件和制度要求。乡村生态治理目标是生态,但是引起生态发生变化的却是人,所以乡村生态治理归根到底是对人的治理。人既是治理主体也是治理对象。要尊重人的主体地位,在乡村生态治理过程中回应民意关切,着力解决村民最关心、最直接、最现实的问题。例如为提高鱼塘养殖的集约化和专业化,减少因散养造成的污染,要求养殖户退出散养模式,交由村里养殖大户或养殖企业统一养殖之前,就应该先理清楚村民以何为生,就应该先为村民找一条不低于现收入水平的生路,对民意漠视只会引起村民对政策的反感，政策想要顺利执行自然不易。作为治理对象，乡村生态治理可从以文化人方向努力。从乡村优秀传统文化中、本村传统习俗中挖掘生态保护相关文化，让优秀文化为村民注入源源不断的保护动力。

第四章

党组织领导的乡村治理体系的现状分析

第一节 党组织领导的乡村治理所取得的成就

习近平总书记曾在调研考察中发表了一些关于"三农"问题的新观点,把乡村治理发展和实现现代化作为新时代做好"三农"工作的有力抓手。改革开放40多年来,乡村治理体系的实施不仅逐步确立起中国特色社会主义乡村治理制度和治理模式,也为我国乡村面貌进一步改善提供不竭的动力,为新时代乡村治理体系构建奠定了扎实的基础。改革开放40多年来,中国共产党领导中国人民在建设社会主义现代化国家中取得巨大成就,成功确立了社会主义市场经济的主体地位。扩大对外开放使我国经济、政治、文化生活逐渐同国际社会接轨。坚持"一个中心两个基本点"使我国经济实力大大增强,并在国际舞台上占有一席位置。人民生活水平大大改善,并全面建成小康社会。社会主义民主政治不断增强,基层民主政治不断完善。社会主义文化建设取得巨大成就,人民精神生活日益丰富多彩。社会和谐化程度日益增强,社会事业不断巩固。

一 党组织领导乡村经济治理取得的成就

消除绝对贫困、改善民生、逐步实现全体人民共同富裕,是社会主义的本质要求,是我们党的重要使命。随着新时代我国社会主要矛盾进一步转变,广大农村地区群众日益增加的个人对美好生活的诉求显得更加理性多元,对城乡医疗卫生完善、教育培训资源丰富、生活环境优美、法治保障公平、民主权利维护等多方面利益产生更高阶段的共同追求。自党的十八大以来,我国农业现代化发展取得较大进展,农村整体经济水平大幅上升,精准脱贫与扶贫都取得颠覆性成效。农村贫困人口全部脱贫,绝对贫困得以消除。农村基础设施改进得到保障,粮食产量大幅上调,加速跨越历史性新台阶,生态文明建设向前迈步。同时,在新发展阶段我们也不能忽视乡村振兴战略与农业生态文明的融合还欠火候,正如习近平总书记曾言,我国"四化同步"中短板依旧是农业。中国的强盛、美丽与富足都需要农村跟上步伐,"三农"工作始终是全党全国工作中的重要分支,国家无论多么强大,都把人民利益放在首位,党组织通过建设和完善新时代乡村治理体系,补齐农村短板,推进城乡一体化发展和促进公共社会服务发展一体化,化解乡村社会发展规划"不平衡不充分"问题,为亿万村民全面营造出山清水秀、宜居康养的人居环境,不断满足当代农民群众日益增加的多元发展的农村美好生活新诉求。

二 党组织领导乡村政治治理取得的成就

(一)乡村振兴战略稳步实施

党的十九大提出实施乡村振兴战略这个重大战略目标,是综合考虑我国国情、人民内部矛盾以及城乡发展现状做出的重大决策部署。乡村振兴战略在党的领导下以产业兴旺为切入点,协同生态、文明、治理、生活等各方面共同前进,构成一个完整的目标体系。新中国成立初期，我国工业基础差、底子薄，为快速恢复国民经济，党中央决定大力发展重工业，实行"以工补农"政策。几十年来，城乡发展差距进一步拉大，不平衡不平等矛盾也进一步显现。改革开放以来，城市的飞速发展也滋生乡村发展后劲不足问题，造成一系列"农村病"集中爆发，中国乡村衰落已经成为事实。随着我国主要矛盾的发展，城乡矛盾也进一步加剧。为此，党的十九大适时做出调整，全面推进乡村振兴战略，积极推动国家构建农村全民互助，共建村民自治、乡村善治之路。党的二十大也强调指出："坚持农业农村优先发展，坚持城乡融合发展，畅通城乡要素流动"①。乡村振兴战略无疑是解决当下乡村发展落后问题的良方，有助于加快我国社会主义现代化发展进程，进一步为世界上有同样问题的国家提出中国智慧和中国方案。

（二）农村基层党组织建设不断增强

坚持党的领导是中国特色社会主义最本质的特征，也是最大的政治优势。在乡村治理探索中，政治理论指引我们前进的方向，是国家的核心根本，发挥正确的引导作用。它凝聚各方力量，在国家治理现代化中发挥重要战略作用。乡村基层组织具有关键的社会地位，始终在整个社会发挥举足轻重作用，其能够推动我国现代社会主义乡村建设经济发展、构建新型和谐乡村社会，对实现和谐、繁荣、稳定的社会进程也一直发挥极其重要的政治作用。在乡村建设中，一方面要认真做好当前城乡基层组织的一系列顶层设计方案，发挥好新形势下乡驻村基层党组织的先锋堡垒作用；另一方面则要继续做好乡村基层党组织骨干队伍建设，实现规范化管理，深入贯彻《关于加快推进乡村人才振兴的

---

① 习近平：《高举中国特色社会主义伟大旗帜　为全面建设社会主义现代化国家而团结奋斗——在中国共产党第二十次全国代表大会上的报告》，《人民日报》2022年10月26日，第1版。

意见》文件精神，以培养造就一支"懂农业、爱农村、爱农民"的"三农"工作队伍为基本任务指标要求，始终把带好一支村级干部队伍作为首要任务。净化乡村基层党组织领导的政治生态；遵循"精准提能"原则，通过系列教育培训和学习讲座等方式完善基层队伍的建设。基层民主党组织历来就是加强社会主义基层治理的主心骨，基层各级党组织成员治理能力直接影响到国家治理能力，对中国整个社会主义党组织的科学文化创造力、凝聚力、战斗力、领导力和号召力，以及全党全局工作有着重要意义。

三　党组织领导乡村文化治理取得的成就

我国是一个有五千年历史的文化大国，文化与经济、政治同一水平建设，其建设成果意义重大。乡村是我国现代化建设突破口、我国文化传承的摇篮。我国一直非常关注乡村建设情况，但一直以来，我国乡村文化建设比较薄弱，建设水平相对较低。进入新时代，我国社会主要矛盾转变为人民日益增长的美好生活需要和不平衡不充分的发展之间的矛盾。因此加强乡村文化治理，不仅可以体现社会主义核心价值观的现代活力，弥补我国乡村建设薄弱环节，也能够加强乡村文化建设，传承和发展我国优秀传统文化。

从地域上看，我国幅员辽阔，是一个拥有56个民族的人口众多的国家。在漫长的五千多年历史里，孕育出许多优秀文化，乡村作为我国文化的重要发源地，它的建设对实现中华民族伟大复兴和中华优秀传统文化传承都有不可替代的作用。党的十八大以来，以习近平同志为核心的党中央特别关心乡村建设问题，在实施乡村振兴战略的基础上，如何提高乡村文化底蕴和加强乡村治理两者间的紧密联系，已经成为时代需要和新课题。乡村是我国文化的摇篮，乡村治理是顺应新时代要求做出的必然选择和必然要求，它对提升我国乡村新风貌以及改善我国乡村中的现实问题都有指导性作用,同时乡村治理有利于顺利推进乡村振兴这一目标的实现,有利于向共同富裕这一崇高目标迈进。因此,乡村治理是我国文化建设的重点,它满足乡村人民对于美好生活的热切期盼,有助于提升乡村人民的幸福感和生活质量,同时在乡村治理过程中,农民可以通过互联网这些数字化平台学习大量农业知识,提升农业专业度,同时也有利于提高农作物产量和质量,快速提升乡村建设水平。

我国社会主要矛盾变化反映出我国乡村人民对美好生活的热切期盼和向往,通过中国共产党和人民的不懈奋斗和努力,我们已经取得脱贫攻坚战的全面胜利。统计数据显示,现行标准下9899万农村贫困人口全部脱贫,这些激动人心的喜报为我国进一步推进乡村治理工作的有效开展提供经验指导和工作信心。同时,在乡村治理过程中,我们仍然要发挥农民这个主力军作用,让建设过程由农民参与,建设成果由农民共享,这些建设经验为我国乡村建设提供许多借鉴。

四 党组织领导乡村社会治理取得的成就

自从中国共产党提出要建设美丽乡村这一目标后,建设一个美丽乡村、宜居乡村,改善农村落后的居住环境和风貌成为我国乡村建设的重点,农村地区发展风貌从某种程度上反映我国建设水平和状况,因此农村地区发展水平与我国社会建设水平息息相关。目前,我国农村地区还存在诸多问题亟待解决,例如垃圾乱堆放现象、污水排放不合理、相关管理制度不完善等问题,因此,这些方向都将成为我国乡村建设的主攻方向。

相关调查数据显示,我国农村地区目前垃圾桶覆盖率已经达到90%以上,农村地区卫生间覆盖率也已达68%。这表明在美丽乡村这一目标提出后,许多农村地区村干部将这一目标和任务落到实处,但这一目标的实现离不开政府和国家资金的支持和帮助。随着我国乡村地区的公共服务不断提升，可以看到农村人民的幸福感也逐渐提升，同时，农民居住的舒适度、安全感也随之提升。因此，关于改善农民居住环境、提升生活水平，一方面是人努力的结果，另一方面也是资金支持的结果。调查显示，在美丽乡村建设期间，我国各大金融机构在综合运用各类金融工具基础上，让各种保险金、债券向乡村地区流动，让乡村人民有更多渠道增加可支配收入，提高经济水平、改善居住环境。以前，就农村垃圾这一方面，我们经常看见许多农村居民家门口或池塘旁边都存在垃圾乱堆放现象。但现在，我们可以看见在农村村口都摆放了许多大型垃圾桶，同时有垃圾车按时来此地进行垃圾转运。这对创建良好乡村风貌、改善乡村地区垃圾乱堆放现象有很大促进作用，这些举措对建设美丽乡村，提升我国发展面貌有非常重要的推动作用。

此外，随着高新技术的发展，互联网逐渐深入许多乡村地区，对提升农民生活状态和提高农业技术有很大帮助。农民不仅可以使用互联网平台扩大社交范围、丰富业余生活，同时也因互联网的便捷性提升了农作物耕作技术，从而提高农作物产量。一直以来，乡村地区农民收入来源主要靠农业支撑，随着互联网广泛普及和农村地区环境改善，其他外来人员想去乡村地区旅游的兴致和热情也随之提升。在这一情况下，对乡村社会各方面的治理，可提升乡村建设状况，特别是根据乡村地方特色开发出符合本地区实际且区别于其他地区的旅游特色，拓宽农民收入渠道，同时也体现乡村地区本民族特有的文化传承与发展。在乡村旅游业的发展过程中，各具特色的文化创新品、当地小吃，让游客在更好地理解中国乡土文化魅力、感受乡村人民热情上有十分真切的体会与体验。

总之，依靠我国乡村建设的政策支持，同时发掘乡村地方特色，乡村地区农民居住环境以及生活状况已有较大的提升和改善。特有的人文情怀和乡土发展促进了农村地区发展，有效地促进乡村社会治理水平的整体提升。

五　党组织领导乡村生态治理取得的成就

党的十八大以来，以习近平同志为核心的党中央特别强调生态在整个社会建设中的作用，并把生态文明建设纳入"五位一体"总体布局，融入经济建设、政治建设、文化建设、社会建设各方面和全过程。同时，在马克思主义关于人与自然的关系中，也特别强调人与自然要和谐相处，因此，习近平总书记提出了重要的生态理念，即"绿水青山就是金山银山"理念。在此基础上，随着全球生态环境亮起红灯，生态系统难以维持平衡，党中央在全面发展观中指出要汲取前人教训，加大农村地区的生态建设力度，加强乡村地区的生态保护力度。一直以来，在我国绝大多数乡村地区存在乱放养牛羊鸡鸭等牲畜的情况，甚至存在过度耕作、过度开垦土地现象，同时，乡村地区还存在水污染、粉尘污染等现象。最近几年，我国出台了多项关于改善乡村生态环境的政策，同时还提出要改善乡村生态中的突出问题。

自美丽乡村这一规划提出后，我国参与乡村建设的村干部高度重视乡村生态文明建设情况，但由于长期以来，乡村生态未能引起高度重视，所以乡村地区生态建设也一直比较落后，很多问题难以快速解决，一些长期存在的问题难以得到根本性解决，因此在某些方面生态治理难度很大，并且完成建设需要较长时间。为赢得乡村生态保卫战的胜利，各地区党组织借鉴城镇化建设经验指导和政策建议，对一些难以解决的乡村问题采取与城镇化相统一的建设步伐。同时要正视乡村地区由于受水污染影响引发的皮肤病和细菌繁殖问题，改善乡村地区水质状况依旧是一项长期性任务。

良好的生态系统是人民赖以生存的基础，面对人民日益增长的美好生活愿望和对美好生活向往的要求,加大生态系统的保护力度,提升可持续发展水平,提高农村地区居民生活状态是十分重要的选择,因此,为给广大农村人民提供宜居环境,提高他们的生活水准,提升生活质量,加强农村生态建设,加强农村地区生态治理成为现今的必然选择,是顺应时代的需要,也是长久之计,它对提高人们关于生态环境保护意识、形成良好环保之风、落实乡村振兴战略、贯彻乡村振兴这一目标的实现都有深远意义。

第二节 党组织领导的乡村治理体系的现存问题及原因

自改革开放以来,农村历经 40 多年风风雨雨,乡村经济布局已经发生天翻地覆的变化,农民生活质量得到显著提高,乡村各项民生事业也取得长足发展。党的十九大以来,我国积极实施乡村振兴战略,中国农业现代化发展和乡村社会改革持续推进,为社会主义现代化强国建设奠定坚实发展基础。当前,中国乡村治理体系改革与"五位一体"发展结合,以新视角分析乡村治理现状,困难与阻碍依旧存在。

一 党组织领导的乡村经济治理现存问题及原因

经济建设是关于加强党领导乡村经济社会治理建设的重要部分,但现在我国基层乡村治理实践中或多或少存在不足,具体包含:乡村治理财力整体匮乏、农村金融发展体制不健全、农村经济创新发展制度模式不充分等问题。这些环境问题还与过去我国农村长期未实行有效规划发展等策略存在紧密联系。城乡长期严重对立失衡的局面也将制约未来我国县域经济社会的持续稳定发展。

(一) 乡村治理财力整体匮乏

社会建设迅速发展中最为重要的问题之一是需要投入大量资

金。乡村大部分生产建设投入资金来自县级政府适当的投资补贴和对本村大规模的技术生产资金输入。乡村人口大规模外流，使缺乏基本资金来源与劳动技术的小乡村基础设施更加落后，仅依靠上级政府财政资金支持很难快速实现对乡村农业现代化项目的建设。在这种实际情况影响下，城镇反哺农村显得越来越重要。给予相当比例的中央财政专项支持，更能加强乡村基础设施建设和乡村特色经济建设，吸引社会各界资金支持特别是产业投资。资金充裕有利于完善现代乡村产业，达到推动产业兴旺、增加乡村居民收入的真正目的，为社会主义乡村建设进程和提升乡村治理水平提供客观支持。同时，政府在重点投资农村中小学教育和完善各项设施等方面做得还不够，各种社会经济专业资源的相对分散化并未促进大规模投资生产经营效率快速提升，无法充分实现自身经济潜力迅速增长。资金来源匮乏问题是目前困扰乡村治理实践的重要核心问题。从中国乡村社会治理资源要素的基本分配运作方式特点看，乡村治理进程中，传统社会资源单一供给体制模式下往往只是"锦上添花"而不是"雪中送炭"，作为最基层政府，乡镇政府财政运转困难问题主要还表现在另外两个突出方面。一是部分乡镇政府组织管理不当，人员过度膨胀，导致农村供养困难；二是原乡镇政府管理的土地财政收支主要依靠免征农业税和财政转移支付或国家补助收入。近年来取消执行现行农业税，乡镇政府财政更加困难，呈现负债比重日益加重趋势。由于当前基层乡镇政府尚无法深入实施好乡村污染专项治理目标任务，也不能在落实中继续依法发挥村级行政主导作用，在县级地方财政收支总体困难、负债比重逐年持续加重等各种复杂情况制约下，难以保证在真正得到政府有效用地支持下推进乡村全面发展。县域分管在乡村体制条件影响下，各级政府实质上是将权力下移，凭借农业经济相对城市经济比较强势的主体地位而大力挤压各地方乡镇政府财政空间，这才是其彻底摆脱农村严重财政困境局面的另一条更为主要和有效的途径。多数农村地区乡镇仍将以乡镇集体经济收入和其他财政资金维持农业地区正常生产建设开支水平，工商业税收支出则较少。

（二）农村金融发展体制不健全

近年来，国家层面曾分别围绕促进社会主义农村金融系统稳定增长和积极促进基层财政税收依法改革出台若干政策，贯彻我国一系列财税支农工作重要改革方针，推动和深化重大财政领域经济体制结构性改革。农村经济体制市场化改革有力推动国内经济，促进农村金融系统的健康全面协调发展，对未来国内农村经济长期持续平稳发展具有促进作用。现阶段我国各级财政金融与支农服务工作体系结构仍不成熟、不健全。同时当前农村财政中用于开展支农服务活动的资金存量依然不足，农村金融机构实际承担的许多金融营利性目标任务也与许多农业金融政策目标之间存在内在冲突，导致短期内无法全面实现中小企业自身的可持续健康高效发展。因此在短期内中小企业金融服务发展与国家金融"三农"战略工程建设依然任务艰巨。

其一，国内目前主要农村金融基础设施服务系统保障服务功能存在明显弱化倾向，建设及保障能力依然相对薄弱。从目前分析看，我国当前农村金融系统基础服务能力及保障体系仍待进一步建设完善。部分农村居民金融知识水平相对较低，导致他们在面对各类新型电子金融产品应用时，极易产生抵触态度和怀疑心理。从我国绝大多数农民家庭看，相较于以网络设备或移动终端完成金融服务的电子银行支付方式，采用看得见、摸得着的传统实体人民币进行交易，显然更可靠更安心。农民因对这些电子金融产品存在普遍性不充分信任，对其本身产生距离感和抵触感，造成传统银行销售的各类理财、证券、保险等产品及其他金融衍生工具产品难以迅速在整个农村区域得到充分有效运用和推广，因此也在某种程度上直接制约农村经济发展。虽然在新一轮乡振兴战略推动下,农村金融基础设施建设已有较大成效,但在实践中仍存在政府有关部门对当前农村金融发展建设并不看重的尴尬现象,导致当地整体农村金融创新发展进程缓慢。究其原因,主要是相关责任部门存在基层农村金融制度建设保障意识薄弱问题。

其二,部分农村金融经济和服务管理经营运作模式落后。通过改革逐步全面加大政府部门对重点农村金融行业经济组织的资金管理以及监管力度,提高对我国农村金融业务在国民经济各相关主要涉农行业主体间的总体协调服务、实际效益及运作效率,形成多层次统一规范标准化的新型农业经济金融支持服务有效供给保障体系。这是推进我国农村金融与经济发展同步繁荣运行的一条有效路径。然而,我国当前较成熟的全国农村金融系统及各大类型产品远未得到广泛有力地宣传及推广,与之相匹配的支农工作服务系统模式仍存在许多明显的陈旧性问题,大部分农村地区还是依靠并保持这些单一落后、传统陈旧的工作模式。而在各地开展的各类新型农村经济和支农服务推广工作中,因地制宜、科学系统地结合和考虑当地农村金融与各区域主要行业经济状况差异特点方面尚不足。另外,金融机构内部还没有完全深入进行一次系统且全面的全市场基础信息数据收集及整合应用工作,无法在短期内为政府支持服务业发展提供业务模式创新,从而提升能力建设、促进其他地方金融机构产品业务实际创新、提高实际创新性服务发展和水平。因此,乡村银行业全面振兴再创新发展战略目标也就难以为继。

其三,目前地方金融机构风险管理防范机制、约束监管机制等较为欠缺,机构资金存在外流现象。当前,农村金融信息管理服务法律法规体系等仍未完全深入普及并推广,与此紧密关联的各类银行业风险防控和自我防范的预警工作机制及能力建设机制明显不够完善,亟须政府层面进一步重视并建立较为健全且完善的中国商业银行风险管理体系和风险防范机制。当前国内在化解农村金融风险中重点企业的内控质量体系管理建设方面严重缺乏足够且强有力的风险控制执行力度，管理环节内部控制工作多流于形式。其在企业内部整体质量控制工作环节的自我监督、自我防范、自我约束机制作用被多数人漠视，风险、管理及防控方面各项具体规章、制度，流程体系建设规划和内控人员职责分工界定制度等管理内容要求难以真正实现，不可控制或难以避免因素会产生一系列危及国家农村金融稳定安全、经济发展繁荣、生态环境健康的巨大风险隐患。全面运行的新型市场化农村金融产品的担保风险补偿机制尚未完整规范建立起来，因此无法得到充分有效运用。而且当前中国许多农村中小金融机构内部无法真正根据这个行业风险隐患可能暴露出的各种行业差异性特点进行考虑，从而形成一种能够有效配合的金融应急机制及防范预警应对机制。另外，由于当前存在政策性农业风险，尤其是在国家粮食种植业投资这种规模巨大和存在潜在风险及易损性不可提前预知的领域，许多农户普遍对涉及该特定风险领域或相关业务的各种社会资金高度抵触，这种资金投入行为可能产生风险防范意识的自我忽视。因而许多边远农村地区的农户贷款在当地很难及时获得，难以进行当地金融招商引资，甚至极易出现本地农村银行等金融机构资金外流和失控运行现象。这也就促使目前部分农村金融地区原有的各类传统互联网金融基础与配套支撑服务功能逐渐趋于单一，相关传统农村金融配套服务及其衍生金融服务配套产品业务形式的快速拓展以及推广更难以为继。仅以国家现行基本农业保险产品制度为例，当前国内整个农村保险体系结构形式基本呈单一化特征，农户对财产保险产品投资参保需求主动性更低，从而进一步加重了农户的经济风险。

（三）产业融合层次不深

虽然一二三产业融合发展取得不错成就，但仍然存在税费优惠落实不力、农村公共品供给不足、用水用电未享受优惠等需要破解的难题。

其一，部分税费优惠政策落实执行及落实后监管不力。中央部委已在很多地方试点，相继出台一系列有关地方涉农税收优惠政策，但从实际落实到享受相应具体配套税收优惠政策情况看，仍可能面临普遍存在的监督管理不到位等问题。一些真正需要各级税收部门从严实施契税征管相关工作规范的贫困偏远地区无法同时享受到多种地方农业税费优惠政策。例如，大多数贫困农村生产的观光生态休闲类农产品，必须严格按照现行国家工商企业标准缴纳各种工商营业税。农民购买自有商品住房时申请使用的宅基地使用权，需要发展农家乐旅游等农家乐项目等，也同样必须按规定另外缴纳城市土地使用税和其他税，如房产税。此外，可能还需缴纳其他各种费用，包括城市教育费附加、文化艺术市场建设等专项管理事业费，水利交通专项工程建设养护维修补偿基金，残疾人优先保障就业的保障金等多种地方费。

其二，各类优质特色农村公共资源开发供给和总量调控不足。已有农业项目大部分只是政府涉农类的土地财政项目，且投资涉及区域范围比较窄、较分散，尚未形成一支能带动当地一二三主导产业多种资源融合培育、协同发展、相互促进的战略合力。农村基础设施体系建设水平相较乡村现代农业公共生活与服务保障体系协调发展水平明显滞后，二三次农村产业大转移政策体系配套技术支撑明显不足。在硬件基础设施配套上，农村水、电、路、通信网络设施建设严重落后，乡村道路狭窄，经营者需要继续加大投资力度以支持乡村基础设施建设。大多数留守乡村经营的中小型商业经营者严重缺乏有效投资经营运作能力与积极扩大生产意识。目前中国大多数农村社区不具备污水垃圾收集、集中处理能力，随着城市现代工业二、三类环保产业加速发展，农村的生活垃圾产生量可能倍增，特别是对农村社区不可降解的垃圾,将大大破坏现有城乡自然生态环境。政府要为当地村民制定技术人才培养方案,加强对传统文化、生产技艺的传承与保护性开发,开展就业培训,增加这些项目财政及支农政策投入,扩大农村特色公共资源供给。

二 党组织领导乡村政治治理现存问题及原因

(一) 基层党组织政治建设领导作用还需要进一步加强

其一,乡村治理职权不明。村民委员会办公室和上级乡镇政府是乡镇重要的地方职能组织,但实际上,部分村民委员会未充分而有效地履行管理职能,更多工作仍是积极协助基层乡镇政府组织开展相关实际工作。在我国当前城乡用地纠纷治理解决实践中,出现了职权划分界定依据不明等问题,主要有如下两个突出方面。一是过去乡镇政府承担沟通和连接区县政府、镇村干部与各邻近村间关系的桥梁作用,履行引导全体村民自觉参与各项公共事务的社会职责,但落实到乡镇实践中仍有不足。目前各级乡镇政府工作重心仍落在如何全面学习贯彻国家政策上,对各村民情信息采集以及报送数据质量的重视程度不够;部分乡镇政府干部缺乏探索精神以及与法治道路结合的魄力与勇气,在依法推动村民权利和自治基本实现的相关问题处理机制上仍然存在不作为现象。二是基层组织应该具体贯彻落实好上级乡镇政策、指导村级党组织规范社会治理、负责和促进基层乡村民主治理发展。但实际上,一些地方村民集中自治与引导村民委员会开展工作过于简单化。只单纯重视体现乡镇政策,并未做到有效推进乡村民主自治及增强村民参与积极性和自觉性,且部分村干部工作缺乏科学的法治观念,村干部不作为,不利于有效实现民主法治和推进新型乡村基层治理。部分地区村"两委"间的具体组织权责关系也存在定位模糊现象。从乡村党内法规制度方面研究,村民委员会组织建设工作与科学建设现代农村党支部制度间存在基本内在对应关系。一方面，农村基层党支部委员会必须真正处于乡村党支部领导核心与监督核心地位，村民委员会能做到在其乡村党支部的坚强有效领导与保障监督下，逐步在新型集体经济组织治理中实现村民组织全面自治。而在农村各项工作开展过程中，部分地区村镇自身也存在各种问题。如由于农村党支部委员与各村民委员会干部之间无法充分明确自身职能与分工范围，故合作开展工作时不能合理充分协调。出现基层党支部片面强调村党员、政治领导干部地位现象，导致村民自治监督等权利缺位，部分农村党组织无法如期有效完成乡村治理建设目标。另一方面，部分乡镇政府与村委会往往没有做到积极有效的沟通，没有充分发挥村党组织促进乡镇村委会自治建设的桥梁作用。乡镇政府机关处于乡镇村委会组织结构上位，不涉及区县民情热线工作，与基层村委会的联系工作又是一个薄弱环节，由此便造成部分乡镇政府干部思想中过度侧重学习贯彻执行上级政策，忽视全面推进乡镇村民群众思想自治，没有足够重视、认真做好各类村级民情信息汇总上传或报送收集工作，导致乡村基层民主自治与监督效果不佳。

其二，乡村自治化程度低。目前，在全国大多数地方乡村社区两级治理机制运行中，村民集体自发参与制定村级组织自治决策方案的最大着眼点，仍被认为是能够为基层群众和治理行为参与者带来直接利益。而群众正确有序行使管理自身组织民主权利职能方面的种种现实性问题并未被深刻意识到，导致目前许多乡村基层群众在自治能力建设行动中的参与行为流于形式，甚至在部分乡村村民代表大会选举改革进程中出现村民拉票贿选的舞弊现象。随着经济全球化，我国城镇化建设改造进程明显加快，许多村民已经慢慢离开乡村，前往海外或村外繁华的城市居住或者谋生，鲜少再主动与乡村自治社会组织直接联系，无法深度沟通交流。村民自治一直都是推进整个区域乡村基层组织自治健康发展进程的关键核心主体，国内基层组织主体成员逐渐大量流失，导致村民整体参与度极低。另外，从村基层组织结构层面划分看，村委会作为基层群众性自治组织，实际上与一些基层乡镇政府等部门相比，并非同样具有行政隶属关系。但是我国目前还有部分乡村地区依然存在由乡镇政府部门下达命令，村民委员会则完全被动服从其上级机关指示的现实情况，导致这些基层村民委员会表现出更加明显的反行政化倾向。政府行为及控制力往往大于基层村民委员会的自治力度，部分地区乡镇政府为保障当地基层村民自治权，曾实施一定程度的乡级行政权力挤占，导致目前各地村民委员会在很大程度上发展成隶属于各地乡镇政府管理下的某一种行政附属或村级行政机构，其最终结果是当前各地乡村行政管理自治化实现程度偏低。

其三，乡村治理队伍未普遍组建。如今大多青壮年为获得更好的生活品质，以求学或务工的方式进入城市，加之当下农村土地流转市场规模也在壮大，乡村难以留住人口已是常态，乡村发展中坚力量大幅缺失。不仅如此，长期进入城市的乡村人口在生活方式和思维模式上都受城市影响，他们对农村的归属感日益减退，对常住家乡的向往也渐渐消失，极不利于乡村旅游发展。由于长时间的流动，乡村传统文化资源已经失去核心的传承对象，许多独特技艺面临失传，原本能给乡村带来经济效益的产业也逐渐失去活力。

（二）乡村治理多元主体难以聚力

近年来，我国传统农业农村格局发生巨大变化，农业农村整体现代化水平已得到进一步发展。但随着城乡改革日益深入，农村社会治理面临很多新形势下的实际问题，如基层行政领导管理能力不足、农村社会综合治理人才普遍流失、空巢老人增多、贫困留守儿童集中等已经成为当前突出问题。

其一，基层行政领导管理能力不足。一是治理手段单一，现代治理理念尚未真正确立。观念是行动的先导，是指挥各方面的行动指南。基层领导治理理念没有与时俱进，存在滞后性，主要表现在缺乏现代治理理念、族群思想浓厚、服务意识不强、法治观念淡薄、协同意识不强等方面。思想观念陈旧，必然会影响治理主体的判断与选择。二是执行能力弱，治理工作滞后。调查活动中，发现确实有较个别乡镇基层领导班子在学习执行党政策制度方面始终无法坚持传达到位，存在政策制度宣传普及不到位、依法公开办事能力不强、社会现代民主治理手段技术运用差等一系列问题。在调研走访中发现，观望式执行政策的现象较为严重。个别科级干部下派基层少，公共文化服务便民意识不强，不能及时有效回应公众需求和群众反映，政策制定实施趋于简单表面化。这充分反映出，部分农村地区基层领导干部的国家治理发展理念素质和政策执行能力等尚不能满足现代化发展的社会需求，不能达到人民对美好生活的预期，导致治理的效益不高。三是主体协同和治理整合能力明显欠缺。当前我国农村特别是边疆民族地区的农村，政府依然在社会治理过程中占据关键地位、发挥重要作用。这就要求农村地区基层领导干部必须具备高水平治理能力，不然很难整合和调动好非政府组织、社会和公众，难以形成合力。而且因当前多数农村地区基层乡村群众性自治活动组织整合管理能力相对弱化，部分留守农村民众很难做到有效发挥当地村民主体在我国乡村综合治理建设中重要的社会组织者、带动者作用，难以承担相应的治理行动。整合社会力量的能力不足，治理效应弱。当前面对日益壮大的多元社会组织、市场力量等的强势涌入，大多数基层仍然只扮演支撑中国乡村全面治理基本格局责任主体的角色，习惯用各种传统单一的地方行政手段开展具体治理行动，造成当前基层乡村治理行动组织不具有组织长效性，同时，掩盖或制约乡村其他组织主体职能机制的功能发挥，进而使基层治理整体行动间的有机组织协同功能缺失，难以实现国家、市场、社会、村民四方力量均衡发展，极大影响基层治理体系的稳固性。四是治理能力提升相关制度缺乏，治理绩效评估操作难度大。治理绩效评估是用来衡量一个地区政府和官员工作成效的主要标准，政府治理水平也影响治理效果。调研中发现，目前农村地区基层领导干部治理能力方面存在低制度化局面，主要表现为基层领导干部能力激发机制、激励制度不完善，在一定程度上造成个别基层领导干部不作为。同时，调研中我们还发现，当前农村地区基层政府的绩效评估体系主要是对发达地区的平移和嫁接，绩效评估标准固化，缺乏因地制宜、因时制宜、因情施策，评估内容千篇一律、原则不明确、过程不规范、程序不完备，绩效结果一贯偏重经济指标而忽略社会指标，缺乏针对农村地区现代化进程的指标设置，加上民族地区基层社会治理中大多数生态、民生、环境和服务指标较为抽象、复杂，传统自上而下的评估机制难以适用于民族地区多样复杂的基层社会，而且操作较难，导致考核评估与激励机制不健全。

其二，农村社会综合治理人才普遍流失。目前，许多农村地区存在农业人才大面积流失等方面的现实问题。农村劳动力的衣食住行等各种物质条件也较城镇相对落后，对很多长期外出打工致富的普通乡村家庭而言，其自身的社会生产经营生活不再依赖传统乡村，宗族关系观念和封建传统伦理也变得日益淡薄。金钱权力和物质利益仍是外出农民参与乡村政治文化建设的重要驱动力，对原有村庄事务动态变化关注变得越来越少，对研究如何治理传统乡村问题缺乏热情。同时，村民为能追求更好的工作、生活，往往选择暂时放弃原有稳定的传统乡村环境而到城市里奋斗，从而导致支撑整个农村经济发展需要的技术、人才、资金等要素出现大量流失现象。协商和治理手段也较为有限。当前我国农村宅基地治理拆迁工作已经进入困难阶段，尤其在外出务工人员数量逐年大幅增加的同时，农村常住劳动人口数量也在明显减少，劳动力质量大幅下降，各地区政府部门也已开始探索实施规范村组两级管理工作制度的相关改革。如随着农户居住区相对集中化以及有组织的跨地区行政村范围进一步扩大,村民协商与议事管理难度过大,使许多村民自治协商及议事活动迟迟无法顺利进行。同时,由于乡村人口严重流失,现代乡村社会治理进程中人本制衡作用更显得异常薄弱,如此,乡村居民对自主协商民主等基本治理参与积极性不高,这对整个乡村民主治理现代化进程反而产生消极的社会影响。其中人才流失原因包括几个方面。一是,因升学流失。在乡村,农村子女上学主要原因是想通过学习走出农村。据调查,农村大多数劳动力受教育水平较低,文化水平主要集中在初、高中。如东北某省农村人口中,初中学历人口占人口总数70%以上,教育程度普遍不高。在农村人的普遍观念里,他们认为高考是人生转折点,若是成功,便可到城市获得更好的生活和更优质的教育资源,有更丰富的人生经历。所以,乡村子女考出农村后不再回到家乡是一种常见现象。二是,因劳务输出而流失。中国农村社会主义市场经济越来越趋向繁荣,农村部分剩余劳动力正开始加速向一线城市郊区流动。农民们还发现在家务农获取的报酬远远少于其进城务工后的收入,所以大多数农村青壮年都会主动选择重新进入当地城镇就业务工,而这些城市企业及部分乡镇企业则可以相对较低的成本获取更大量农村劳动力,便进一步加剧了农村高素质人才群体的流失。三是,农业产业人才供需结构性失衡。长期以来,农民对现代先进成熟的实用农业技术了解不多,其中大部分农民只能依靠多年累积的传统农耕技术经验探索总结农业生产发展规律,在新型农业先进生产技术应用方面缺少创新型拔尖人才,故难有重大创新。创新型现代农业人才大部分被集中配置在城市,农村缺少同类型技术人才,人才供需格局严重失衡。四是,基层人才体系建设较为滞后。当前,由于引导农村大学生就业的人才晋升补偿机制不完善,缺少相应激励机制,人才优势很难在实践中被企业充分利用。针对这一问题，应该考虑农村实际特点，对人才进行有针对性的选拔和培养。

其三，老人和儿童留守乡村。近年来，随着新中国经济社会持续健康发展，工业化、城镇化等进程加速深入推进，外出务工、经商等获得收入逐渐成为当前部分农村家庭中富有社会收入人群的主要经济来源。受诸多复杂主客观综合条件限制，很多城市贫困人群多数只能选择将自己的子女留在家乡。留守儿童问题是深刻的社会问题，是目前我国广大民众关注的焦点问题。为依法有效预防留守未成年人问题，也为依法保护留守儿童的民事权利及其他合法权益，需加快解决留守儿童问题这一乡村治理进程中的重要难题。随着我国现代农业经济模式及城乡社会发展环境变化，当今城乡社会改革也在逐步深入，大量新生代青壮年农民正陆续进城创业务工，老人和妇女儿童则被留在农村。农村留守儿童无疑是现阶段我国城乡儿童家庭中社会境遇状况最为艰难复杂、特殊的群体，他们的父母常常因长期分居两地而离婚，这必然会使亲情维系和家庭教育产生极端缺失，对这些未成年子女的身心健康等造成一系列较为严重的影响。综合上述专项调研工作情况和总结分析发现，农村留守儿童家庭教育实践方面也普遍存在突出问题。

此外，还有一些较为突出且深层次的原因，可能依次是：农村中小学在留守儿童家庭教育方面政策体系不健全，以及在当前农村基础教育的优质公共服务体系框架建设工作中，家庭教育活动应被确立的重要角色或作用机制还需要进一步完善。家庭教育活动长期以来仍被普遍视为只是一门简单家庭私事，留守儿童家庭教育政策领域中的重要家庭基础地位长期以来也并没有受到社会各界的高度重视。当前农村留守儿童家庭教育工作缺乏相关有效教育经费投入支持，很多地方没有进一步落实、配套完善相关政策制度，也未能有效实施对农村留守儿童家庭教育工作的经费投入。同时一些农村留守儿童家长、受委托教师或其他监护人都已经普遍认识到家庭教育知识素养和家庭教育管理能力是非常重要的，他们自身的一些能力也有待提升。在具体的走访反馈和家长满意度调研反馈中发现，部分农村留守儿童及其所在寄养家庭确实存在一些不容忽视的突出问题。比如，家庭监护缺失或监护干预手段不当、缺乏现代亲情关爱、人身意外事故比例过高、易成为不法势力侵害对象、家长教育观念与儿童行为习惯和认知能力存在较大认知偏差、健康安全服务质量堪忧等。在基层政府有关工作职责层面和安排层面，还将继续存在保护留守儿童工作人才队伍整体发展状况与群众现实需求之间差距过大等问题。

（三）城乡统筹融合健康发展方面的种种体制机制障碍目前尚未根本消除

"建立健全城乡融合发展体制机制和政策体系"是党的十九大作出的重大决策部署，党的二十大报告中提出："着力推进城乡融合和区域协调发展，推动经济实现质的有效提升和量的合理增长。"[1] 我国经济社会在协调统筹新型城乡一体化发展，推进国家新型农村城镇化方面取得较显著成效，但许多影响促进城乡经济社会协调发展的重要体制机制障碍却未能根本消除。本文以人力资源、土地制度和建设资金等区别城乡差异的主要组成要素为依据，在宏观制度层面，研究劳动力双向有序流动造成的城乡现实困境。

其一，城乡人力资源流动不畅。农民工进城落户是一件比较难的事，需要改善城镇人力资源开发下乡服务渠道不畅的现状。各方面的政策割裂了城乡关系，农民与市民在生长环境与文化水平方面存在较大差异，两者的相互流动并不顺畅。农民工子女难

---

[1] 习近平：《高举中国特色社会主义伟大旗帜　为全面建设社会主义现代化国家而团结奋斗——在中国共产党第二十次全国代表大会上的报告》，《人民日报》2022年10月26日，第1版。

以做到完全市民化。从政策体制角度看，改革前实施了一系列关于城乡户口之间有明显选择性的城市落户相关政策制度，改革深化后实行落户开放制度。通过改革，进一步融合并调整完善我国城乡关系，但由于城乡互补、城乡互通的体制机制并没有根本性突破，农村的土地制度改革滞后，城市资本、技术和人才下乡带动农村发展的机制没有建立起来，城乡流动的方向仍然是由农村到城镇，城乡发展不平衡的局面无法得到根本扭转。这一方面与改革的难度和复杂性有关，另一方面与进城农业转移人口无法市民化有关。农业人口由农村向城镇大规模地转移，为增加农村居民收入发挥了至关重要的作用，同时，也要看到，他们在城市无法获得正常的地位，处于边缘化和不稳定状态中，无法实现市民化。市民化进程受阻反过来使农村市场要素改革无法落地。

其二，现行土地制度制约土地资源要素综合价值效益的进一步发挥。改革开放四十多年来，国家建立的家庭联产承包责任制，让家庭正式成为指导农业机械化生产发展的农村基本单位，不仅进一步改变、规范了整个农业现代化生产经营的劳动组织方式，而且实际上也进一步加强了劳动农民群众之间有机的生产联系，进一步调动了发挥广大农民参与农村生产组织积极性，提高了我国农业集约化生产效率，促进了中国农村商品经济发展。然而，随着对现阶段我国现代化市场经济基础建设问题的进一步研究，发现以集体农牧户组合为核心的组织单位逐步发展成为现代新型社会化农业，其社会化经营体系组织结构和发展机制中所蕴含的一系列制度固有缺陷也会在短期内越来越深，趋于明显，制约当前社会主义农村市场经济改革发展。一方面，以小农户等为核心生产单位自发形成的高度分散型小农经济，生产方式和组织形式也是处于碎片化经营状态，新型传统分散小农经济，效率低、规模小，集约化生产程度不高，难以全面有效满足目前我国对现代小型农业经营生产及经营活动方式转型的重大客观需要。

另一方面，随着当今中国农村大量剩余青壮年劳动力进行大规模低成本的就业流动及转移，乡村大量优质土地资源因无人看管使用而闲置，造成大范围的土地资源浪费，为能尽快合理利用现有优质城乡富余农业土地要素资源，储备土地潜在资源价值，充分有效发挥资源配置机制对当前推进全国农村经济社会全面健康和谐发展有着至关重要的基础性作用。目前依旧存在很多问题，如果我们难以切实从一些思想认识机制上取得实质性新突破，农村土地经营权的社会价值必然难以得到有效体现，其对促进农村经济及社会发展中应有的历史积累价值和实际贡献能力自然难以充分实现。

其三，中国农村金融体系尚不完善，制约农村政策性金融发展。由于农村金融体系存在的制度缺陷，在现代金融业进入传统农业生产和畜牧业生产服务的经济领域过程中，也就存在中国农村市场结构性机制失灵的可能。在社会主义国家面向现代化农村社会实施的农业粮食经济体系结构性改革任务中，农业社会化生产经营发展体系事关国家粮食质量的安全，整个国民食品质量及健康安全，具有重要国家公共性。这离不开国家基层政府稳定有效开展工作，需要地方财政资金及时有效引导投入，需要中央政府通过各级财政资金适时予以财政补贴，及时调整以保证部分农产品市场供求周期稳定；也同样离不开农民参与社会市场化运营发展的政策性支持，以及金融资本公司的主动积极投入和广泛参与。市场化后的农户金融资本产品的充分投入仍需要提供资金市场环境支撑和便利条件。总体意义上，农村金融市场目前存在农户作为社会资本市场主体参与发展积极性不高、基础性制度建设供给力度不足两重制度困境。一方面，社会资本市场主体参与发展积极性不高。在农村市场主导因素和中国城乡二元供求结构形成的各种因素双重影响驱动下，农村要素市场发展和农业商品市场发育仍然有待完善，农村经济各类型产业经营生产中，经营资金风险率普遍较高，金融机构用于提供各项农村金融投资服务环节的贷款成本较高、风险偏大，影响、削弱了我国社会资本机构在中西部农村牧区开展投资金融业务试点的工作积极性。另一方面，农村金融体系仍制约全国城市资金要素迅速向整个农村市场充分流动，难以完全满足全国农业经济现代化、农村生活条件现代化、农民生存发展对现代金融资本流动的实际需要，影响广大农村经济社会自身发展。

其四，城乡发展不均衡。一方面，乡村基础设施仍普遍陈旧落后。长期以来基础设施几乎都是为整个现代城市进程而服务的，背后则长期受传统农村城乡一体化发展中二元经济内在结构因素的影响，逐渐引起发展不均衡现象。城乡统筹发展下一些地方在公共资源配置发展方面越来越不协调不均衡，导致现在个别大城市乡村基础设施普遍落后、公共产品和基本公共服务供给不足。随着小城市规模建设快速发展，城乡联动造成经济整体结构失衡，农村地区逐渐失去其经济和社会地位。此外，在当前城镇化进程快速推进过程中，违法土地征用及拆迁等情况日益增多，因此也出现许多农村家庭一夜暴富的真实例子，这些现状也时刻冲击、改变了一些村民固有的传统社会价值观；村民价值观意识迷失，在土地使用权征收及分配流转过程中时常会出现各种权属纠纷，村民们对政府征地或集体土地拆迁补偿等行为往往表示不满，导致传统和谐乡村秩序一再出现被个别人蓄意破坏现象。另一方面，城乡社会事业发展及结构存在不均衡等现象直接导致我国部分农村人才流失，农村劳动力大量涌向大城市。城乡社会二元化发展模式和发展不协调、不均衡等问题可能会使乡村社会产生其他方面的问题，诸多问题的交叉影响使当前美丽乡村建设及乡村社区治理困难重重。

（四）基层治理制度不完善

规范的法律制度体系建设是最终实现农村治理制度现代化的

重要司法保障。近年来，我国各地的法规制度体系基本建立，形成涵盖农村基层党建、基层文化保障管理等各方面都较为规范、完善、有序的地方制度体系，优化规范城乡综合治理的政策制度环境。但城市社区易行政化，制度建设易碎片化，治理制度本身缺乏理论科学性，制度保障供给明显不足，制度运行尚不规范、顺畅、透明等一系列问题都亟须关注。

其一，社区行政化。农村社区"行政化"倾向比较明显。就当今我国乡镇基层社会建设实践模式而言，是逐步实现县级乡镇政府领导决策与乡村广大农户村民自主参与基层自治与管理服务的一个重要的交叉互动。但是，有少数省市的个别县级地方乡镇政府部门与当地同级和上级政府职能部门同时存在问题，如行政部门职责范围权限划分与界定标准不容易厘清、管理协调监督职能体制的执行方式不规范、职能权限设置出现错位现象等。

其二，制度运行不顺畅。乡村基层治理主体机构运行不顺畅也是乡村民主治理与制度体系现代化构建研究中不容忽视的另一核心问题，集中体现在以下几个突出方面。首先，农村党政机构层级设置仍不均衡不合理。乡村民主治理体制机构功能设置有重叠、职责定位不清晰等主要问题较为突出。比如，乡村土地治理机构中设立的部门与农业、林业、水利、国土资源等部门交叉甚至重叠，在推进乡村地籍管理等制度创新及有效实践过程中，容易出现地方各相关部门互相推诿现象，影响整体工作运转效率与新农村城镇化建设进程。治理工作大多停留在应付乡村条块的各种检查上。其次，在当今我国农村中为乡镇政府减压尚未落到实处，农村基层任务负担过重。在中央、省、市、县、乡、村党组织工作的各个纵向层级序列体系中，自上而下的各种乡村行政事务性工作也在逐渐增多；而它反映在整个县乡党政机构职能设置下，乡镇各级党政机关人员编制、经费开支等自然资源最有效利用配置程度分布呈现递减分配状态，而且越往上，上级组织配置就越多,越往下,基层分配则越少。这容易导致在一些偏远贫困地区,乡镇村干部资源配置不够问题,进而导致乡村社会治理存在问题。

三 党组织领导乡村文化治理现存问题及原因

我国进行乡村文化建设的同时,特别关注满足乡村人民日益增长的精神文化需求。目前,在进行乡村文化治理过程中,存在以下几方面不足。

(一) 乡村治理主体聚集不足

在乡村治理和乡村建设过程中,主要建设方式还是靠人发挥在乡村治理中的绝对作用。乡村治理主体包括:党组织干部、党员以及广大农民群众。对于农民群众来说,他们大都是孤寡老人、留守儿童,对乡村建设的意识和热情不足,并且由于思想文化素质不高,无法组成一个良好的建设群体。同时,近几年来,在乡村组织建设中,部分地区党务、政务公开透明度不高,导致部分村民权利未能得到及时有效保障。对于党员来说,在面对乡村文化建设时,相对农民群众有更大的热情和更高的乡村文化建设意愿,因此,可以将他们作为乡村文化建设带头人,发挥他们在乡村建设中的热情和作用,同时赋予他们一定权利和责任,使他们更好地为乡村建设服务。对党组织干部而言,他们有非常积极的改造乡村热情,对上级下达的任务有非常强的行动力,但受农村地区环境影响,他们通常难以调动广大人民的积极性以致无法更好地推进乡村文化建设。总而言之,党组织干部、党员以及广大农民群众都是乡村文化建设的一部分,应该找到他们自身的特殊性,使其能更好地融入乡村文化建设中。

其一,农民乡村文化建设主体意识不强。一直以来,我国都是一个农业大国,农民是我国建设的主体,在实施乡村文化振兴方面也是一样。改革开放以来,虽然激活了许多农民关于乡建设的热情和自觉创造的精神，但仅仅是针对外来打工人而言。在乡村地区建设中，我们看到更多的是由于农民大都受自身条件制约和受教育环境影响，在进行乡村建设过程中面临许多方面的挑战。随着我国城镇化进程加快，大多数农民更愿意选择向城镇或城市流动，因为他们不仅可以享受更多的就业机会，也可以为他们的子女争取更好的受教育机会。这就造成农民工大量外流，留下一大批年迈留守老人，他们由于年纪大、文化程度不高，难以胜任复杂的工作。这些外在因素和自身条件都让农民参与乡村文化建设的积极性不高。

其二，乡村文化治理中，农民参与度不高。在乡村治理过程中，最重要的一点是要激发乡村治理主体活力，在乡村治理中最大主体就是农民，因此激发乡村治理主体活力也就是激发农民的建设活力是我国乡村治理文化建设中的重要一环。一直以来，我们在建设过程中都十分重视农民群众的作用，因此，在乡村治理中也要积累这样的经验，农民是乡村治理的坚实主体，但随着城镇化进程加快，一些年轻的建设主体已经向城镇流动，多数精英也不愿到乡村来，这些问题难以加速乡村治理有效推进。大多数村民文化水平不高，且随着改革开放，乡村村民生活改变，他们在乡村治理中的参与度也越来越低。

其三，乡村治理中村庄共同体意识消散。有人将乡村共同体意识理解为人类一起生活的共同情感。这种情感在我国乡村间十分明显，是村民幸福感的延伸和展示，它是指整个群体有相似的目标和追求。但随着改革开放，我国乡村共同体意识逐渐淡化，有以下几点原因。第一，随着家庭联产承包责任制的施行，我国乡村建设中更多的是以家庭为单位独立生产，这种形式造就了更多的个体户，也造成乡村建设间的依赖性降低，对他人和乡村的黏合度降低，集体意识明显弱化，乡村建设成员更关注自身利益，只有为数不多的一些农民在面对池塘承包、养鱼灌溉等问题时有一些乡村共同体意识和凝聚感。第二，由于经济不断增长，人们越来越理智。在许多乡村调研中发现，村里纠纷发生概率变高，村民越来越关注自身利益和需求，对经济关注程度远超过对乡村建设的关注程度，对乡村事务的参与感低，缺乏参与乡村建设的热情。同时，村民还因为一些公共利益等发生口角，甚至到走法律程序才能解决的地步。综上所述，这些原因都导致村民参与乡村建设的积极性减弱，参与度降低，对于乡村建设产生消极影响。

其四，乡村治理中，人才大量外流，人才储备不足，治理成效微弱。改革开放以来，我国经济得到快速发展，为适应现代化建设要求，在吸收国外建设经验基础上，我国努力推进城镇化建设进程，但在发展过程中，城市对广大群众而言有更多就业机会和发展机会，对他们本身有更大吸引力。调查数据显示，选择城市就业的大多数都是青年人，年龄集中在17~35岁，他们作为新时代建设中坚力量，从就业前景考虑，在面对城乡选择时更愿意选择城市，这样的局面造成了乡村地区人才大量外流，同时乡村也没有足够的吸引力为外来人才提供更好的就业机会，造成乡村治理建设进程缓慢。随着我国乡村振兴战略深入，人才对国家治理建设的重要作用逐渐显现，各领域需要人才指引，不同建设板块也需要人才提供智力支持和技术引进，因此，人才队伍是乡村治理至关重要的储备。但就目前我国乡村治理建设过程而言，我们没有相关专业队伍作为乡村建设人才储备，同时我国乡村中原有的部分人才队伍也未能得到充分重视。这些乡村建设人才是在本地区长大的居民，对于本地区的传统文化和文化特色十分了解，对本地区有乡土认同感，对风土人情和社会氛围有非常重要的推动作用。一是面对我国大量乡村人才外流现象，未能给予外来人才足够的吸引力。乡村基础设施建设相对薄弱，部分地区交通方面也存在问题，无法为外来人口提供有效的福利政策，导致乡村逐步呈现人才空心化现象。总体来看，乡村治理是一项复杂、长期的过程，在一些特殊问题上需要专业人才指导，术业有专攻，需要更多具有丰富相关经验和扎实专业知识的人士提供有效建议，他们在一些问题解决上也更有说服力和可实施性。二是村干部学历大多为初中，他们对乡村治理理论体系理解不够透彻，在乡村治理实施过程中，大多按照自身经验进行建设，由于对政策的误读和不理解，工作失误现象频出，影响乡村自治力的提高。总之，人才队伍是乡村治理建设基础，对乡村治理和建设发挥重要作用，也能保持农村地区的基本稳定。但由于乡村治理制度不完善、乡村建设吸引力弱、乡村本土人才大量外流、村干部学历水平不够而难以实施科学的乡村治理建设等，乡村治理水平普遍低下，治理成效不显著。

（二）乡村组织建设不完善

其一，乡村治理组织不健全，执行力度不够。要坚持党的领导，党组织是乡村治理的领头人，在乡村治理中发挥重要作用，它一边联系群众，一边服务老百姓。尽管党组织在乡村建设中发挥重要作用，但在一些乡村还存在村民与基层党组织关系恶化现象，有些党组织未能有效调整自己的职能，导致乡村治理中很多工作未能有效展开，这对发挥村干部在乡村治理中的主人翁作用、改善乡村地区建设落后现状都起着消极作用。面对这种情况，要健全相关乡村治理组织制度，发挥制度强制管控力度。首先，对乡村党组织行为要有一定监督，防止以权谋私、组织工作弱化现象。将村民们有效连接起来，要努力动员和发动群众，改变以往乡村治理无组织、无纪律的混乱状况。一个有效的乡村组织体系对乡村治理有重要作用，特别是面对乡村治理散漫现象，更需要村民在制度健全的组织带领下实现自身价值。整理以前乡村治理问题，一方面发现乡村精英大量外流，人才大多向城市聚集，导致乡村存在人才缺失，引发很多"乡村病"。另一方面，部分乡村党组织的基层干部工作态度过于强势，大包大揽，不给农民参与的权利，因此就淡化了农民参与建设的热情，同时也导致农民与党组织干部分离，上级任务难以与乡村实际相联系，建设成效不显著。此外，笔者还发现以前具有独特文化宣传优势的乡村文工团等类似组织也大都解散，最重要的原因是面对乡村治理中的一些文化开支没有足够资金支撑，同时，他们在乡村治理中的地位也并不重要，他们地位的可替代性导致他们因无充足资金支持而无法适应新的环境，形成恶性循环。甚至在乡村建设中还存在很多封建迷信风气，这些活动的存在都会影响乡村治理文化建设的成效。

其二，乡村治理过程中农村各阶层结构发生变化。我国疆域辽阔，不同地区农村有不同特色，在乡村治理过程中，可以从横向纵向两个方面讨论乡村治理结构。横向治理结构是指不同地区不同乡村各具特色，无法采用同一种方式、模式、机制对不同地区采取同一手段达成同一成效；纵向治理结构是指乡村治理过程中有上级下达指令和下级执行两个方面，两者逻辑结构和治理结构一起构成乡村治理纵向结构。要特别注意的是横向乡村治理中要尊重不同乡村间的差异性和特殊性，千万不要用同一种模式对不同乡村问题进行治理，切勿搞"一刀切"的乡村治理方式，不同乡村之间可以相互借鉴乡村治理经验，探索发挥本土乡村特色和创造精神，不要一味模仿夸大，不要盲目借鉴，在尊重乡村间差异性的基础上，因地制宜发挥农民首创精神，找到符合本乡村的建设之路和发展之路。纵向乡村治理是乡村治理过程采用上级指示下级执行方式，这种不是上下级方式，而是垂直式治理，可能会导致一些行政干预问题。随着小康社会的全面建成，当年抓住先机发展的农民现已获得一定的物质基础，他们中的大多数随着城镇化建设渐渐搬迁到城市，极少数富裕农民选择留在乡村，他们可以为乡村治理提供一些指导或资金支持，党组织也愿意赋予他们一定的治理权力，但是结果往往事与愿违，同时也易引发利己主义，导致乡村治理成效微弱，同时经济资源和社会资源大量外流。

（三）乡村传统文化未能较好传承

其一，乡村治理中，传统文化传承方式和发展方式不足。我国文化经历了漫长的发展过程，从农耕文化到新时期新文化，逐渐形成了传统文化。传统文化是我们的民族记忆和文化摇篮，是一个民族时代的印记与积淀，是我国宝贵的精神财富和文化财富。随着我国文化不断发展和传承，现代文化与传统文化相互碰撞，一些文化在碰撞中消亡，一些文化在碰撞中传承，在乡村治理建设过程中，一些不良现象对乡村治理起消极作用。随着工业革命、信息革命到来，特别是现在高新技术发展，以往落后的乡村建设方式已不复存在，农耕文化也随之衰败，这些历史的转变致使乡村文化在改变。在优秀传统文化失落过程中我们发现，一方面，由于受其他文化影响，我国许多农民价值观也发生变化，一些价值追求和思想观念也发生相应转变，以往传统文化、血缘关系等根深蒂固的影响也逐渐弱化。另一方面，受市场交易变化和外来文化影响，村民的一些传统思想也逐渐弱化，甚至出现了享乐主义思想，奢靡之风、消费主义盛行，同时受自身文化素质影响，法律意识淡薄，很多事情处理靠的是人际关系，而不是法律制度，这些行为让乡村传统精神文明面临退化风险。长期来看，这些事情若不能采取有效方式改正，将会对农民的价值观和幸福观产生错误指引，需加强引导规范。

其二，受长期落后的文化影响，个别党员理想信念不坚定。自从我国实行家庭联产承包责任制以来，农民获得更多乡村建设自由权，但长期以来，乡村地区基础设施相对薄弱，受自然灾害影响较大，在面对自然灾害时，农作物产量降低，农民更多地选择烧香拜佛、请求菩萨保佑这种封建迷信方式，花大量时间和精力以及金钱将菩萨请进门，这些封建迷信思想对传播优秀传统文化产生消极作用，同时，虽然党员干部一直秉持着马克思主义实事求是的崇高思想，但仍有个别干部理想信念不坚定，难以在乡村起到带头作用，从而更好地为乡村建设服务。

其三，乡村治理中，一些传统美德被逐渐淡忘。一直以来，我国农村地区是我国传统美德发源地之一，但在当今，随着互联网技术快速发展，各种互联网信息渐渐地影响我国农村居民的价值观念和思想观念，同时长期受城乡二元关系的影响，农村居民对于城市的向往更加强烈，出现在追求经济快速发展时，人们道德建设渐渐被大家忽视的现状，道德建设与经济建设发展不同频。农村社会文化产品质量不高，个别地方人们的思想道德和价值观出现了一些令人担忧的新情况、新问题，社会缺乏温情，老人的社会保障体系也不健全，这种不同频的状况不利于我国文化建设特别是核心价值体系建设。

其四，乡村治理的文化载体缺失，治理进程变慢。文化载体是指乡村文化传播和传承的一种实质物体，它不仅是乡村文化的体现，而且在乡村建设中具有不可替代的重要作用。随着现代化发展，以及乡村振兴和城镇化建设推进，我国乡村地区一些古寺庙等当地特色古建筑被新型乡村建筑所代替，乡村新建筑缺少岁月的味道，也缺少本地区的风土味，更重要的是就本地区乡村文化传承与传播作用而言，新建筑无法与旧式传统建筑相媲美。同时，在我国乡村建设中，一大批老年人不愿意向城市和城镇流动，成为乡村的陪伴人，但是大批年轻人外流的同时也没能做好乡村文化宣传。这些乡村文化载体逐渐减少，使乡村文化建设进程减缓。

（四）乡村文化治理公共文化服务有待改善

其一，农村公共文化服务体系不健全。随着社会主义现代化发展，我国文化产业也逐渐兴起，但在长期文化发展过程中，在面对国际新机遇的同时，自身文化产业面临新挑战。随着人民的精神文化需求日益增长，我国乡村文化服务体系与农村人民日益增长的物质文化需求不匹配，因此建立完善的公共服务体系是我国乡村建设非常重要的内容。党的十八大以来，我国社会主要矛盾发生变化，在乡村振兴战略中，我国城乡文化产业还存在很多问题，对此党中央提出了为更好适应我国乡村文化发展，保障农民各项文化权益，要对我国乡村公共服务体系进行改善等相关决定。就目前农村公共服务体系而言，自改革开放以来，在我国农村绝大多数地方一直都比较重视该地区经济发展情况，对文化发展的重视不足，导致乡村地区文化公共服务体系发展缓慢。此外，长期来看，乡村人民的精神文化需求得不到满足，无法为农民提供高质量的精神文化产品，开展乡村文化活动主要出发点还是获得更高的经济收益。若文化活动没有属于本地区的文化氛围和文化特色，农民就难以在这样的活动中获得文化参与感和自豪感。同时，部分乡村干部未能真实贴切地了解本地区农民的真实需求，公共文化服务体系和文化设施建设不能满足农民实际需求，在一些文化问题上，村干部应对能力较差。以上这些问题都是我们在乡村文化建设中应解决的问题，这些问题的存在不利于我国乡村文化建设和精神文明建设。

其二，乡村文化发展出现消极现象，乡村文化秩序失衡。如果乡村文化发展失衡，对乡村文化秩序将产生消极作用。许多研究者发现，文化是一个乡村发展的内在潜力和推动力。随着我国城镇化建设推进，城乡二元关系问题逐渐凸显，出现大量乡村人口向城市转移现象，城市日益显示出越来越多的活力和魅力。大量的乡村青年向城市聚集，乡村更多是大龄妇女、老人和留守儿童，休闲时间多，但这部分人对乡村建设作用有限，其乡村文化需求也不高。在现实中，党组织对乡村文化建设的要求降低，加上乡村文化活动供给不足、文工团解散、传统舞龙舞狮等活动也渐渐衰败，部分乡村记忆和乡村特色都在发展中逐渐消逝、被人淡忘。同时，乡村文化还受外来思想冲击，特别是抖音等互联网产品带来的冲击，一些封建迷信蔓延，加速文化秩序失衡，致使文化体系发展不健全。

四　党组织领导的乡村社会治理现存问题及其原因

（一）教育水平的高度影响乡村社会建设水平

百年大计，教育为先。一直以来，教育对于社会发展有着十分重要的推动作用，乡村治理也离不开教育的支撑，同时也需要乡村人才队伍建设作为乡村建设的支撑。以前，各阶段的文化课程较少涉及具体的中华文化介绍，近几年大学阶段的课程，出现一点转变，增加了《中国文化概论》和《劳动教育》两门课程，对提升大学生的中国传统文化认识和社会主义建设责任感有较大的推动作用，但在整个乡村社会中还是存在一些问题。

其一，从教育资源角度看，城乡间差距较大。一直以来，我国建设重点都在城市，对乡村建设重视程度不高，教育方面也是如此。同时在乡村建设中更注重该地区农业的发展状况，以提升农作物产量为农村建设重点，经济效益在第一位，城乡教育资源存在很大差距。

其二，从人才建设角度看，城乡差距也较大。城市对于广大农民而言有巨大吸引力，城市可以为他们提供更多就业机会，也能给其子女提供更加充沛的教育资源，同时在农民进城过程中，城镇化相关建设政策还给予农民一定补贴。综上原因，选择留在城市的农民居多，甚至很多从乡村走出去的人才也更愿意留在城市发展，大量青年才俊向城市流动，成为乡村社会治理缺乏人才建设的重要原因。现阶段，很多从事农业生产的农民对现代农业种植技术接受程度较低，对其推广有消极的滞后作用，特别是对农村机械化产生抵触心理。在乡村地区，农村基础设施水平有限，且农民对乡村治理建设的心态消极，使农村治理建设发展缓慢。

(二) 乡村治理中，社会治理的多个主体定位模糊

乡村社会的建设任务需要多方共同努力。建设任务主体包括党组织、村干部以及乡村广大群众。一直以来，我们都十分强调合作的力量，在乡村建设中也是如此，如果仅依靠一个主体力量，乡村社会建设难以均衡实施，同时，面对多种乡村社会治理的复杂建设任务，协商合作和协同共治成为乡村建设治理的必然选择和必然趋势。但在乡村社会治理中存在多方主体权责不清晰、任务不明确现象。第一，作为乡村社会治理建设领导人，党组织的行政色彩较浓。党组织作为乡村社会建设领导力量，在对乡村建设部分事务上具有滞后性，同时部分乡村政府部门没有根据实际情况为村民们提供实质性的公共产品，使村民实际需求与公共服务产品供给不匹配。第二，政府为村民提供的农村公共产品资源比较匮乏，无法为村民提供更多的建设条件，再加上一直以来，在乡村建设治理过程中采取自上而下的建设方式，在一定程度上给予村民的建设权利较少，降低了村民参与乡村治理建设的积极性。此外，虽然部分人有极大地建设热情，但由于其自身受教育程度不高和实际行动力较弱而存在很多不确定性。一些民间社会组织在乡村治理建设中也起一定的推动作用，但是由于他们缺少正规制度指引，更多起到沟通桥梁作用，联系村民与干部，在一些问题处理上难以为乡村建设和治理提供优质服务。

(三) 乡村社会建设之中，社会组织的作用不太明显

社会组织是存在于乡村建设中的多元主体之一，在一定程度上对乡村治理建设和治理发展有积极推动作用，也是联系乡村村民和党组织干部的桥梁，在乡村治理建设过程中成为多方主体的

桥梁,对增进村干部与村民亲密度、增加村民对政府的信任度起积极作用,能促进政府提升办事效率,同时也能提高群众参与乡村事务的积极性,增加居民的参与意识。但社会组织制度也存在以下问题。

第一,社会组织不是规范化机构,在处理问题上存在缺少制度规范的现象,较难胜任复杂问题的解决,同时,几千年来乡村地区建设中,部分地区行政管理制度的制定多为上级指示,因此乡村社会组织成为上级政府的"拉线木偶",没有实质性的自由权利。第二,社会组织没有较强说服力,因为乡村地区治理组织主要由当地居民组成,他们没有较强的文化素养和丰富的文化知识,所以从某种程度上说,他们对其他村民的威信力和说服力不够。第三,社会组织依附性强,在乡村建设过程中,比如红白理事组织,其成立时规章制度单一,专业化水平不高,面对一些复杂问题不能给出有效解决对策,甚至部分社会组织对相关政策存在误解,这样就会使他们与正规组织间产生冲突,不仅对正规组织产生影响,同时对于其他社会组织也会产生阻碍作用,不利于组织规范化发展。

(四)乡村治理中,乡村受数字化影响大

随着互联网技术快速发展,我国许多农村地区已经开始享受互联网带来的红利,而互联网普及对乡村居民生产生活方式和思维方式都有很大影响,对乡村治理也产生很大影响,某种程度上加速了乡村制度化进程,提高了政府行政效率,加速了乡村治理工作进度。此外,由于我国乡村分布不均衡性和情况复杂性,在一些复杂的问题中数字赋能乡村治理效果显著。同时也要看到数字化乡村建设进程缓慢,受乡村数字化基础设施建设水平落后的影响,乡村村民的一些实际需求难以满足。数字化进入乡村治理进程中,数据保存和数据安全方面存在泄露隐私的风险,操作不当可能会影响国家安全和社会稳定。

（五）乡村治理中乡村社会的治理缺失

乡村治理需要乡村形成多方面治理合力，不仅包括村民，还包括党组织。但从目前看，在整个乡村建设历史过程中，制度建设大都依靠乡贤，广大农民基本很难获得权利去参与建设，因此，单依靠乡贤进行建设体现的是乡村乡贤的包揽性。随着城镇化建设发展，人才大量外流，使乡村建设缺少精英人才的指引。我们发现乡村治理建设大多由上级政府下发指令，下级村民按指令执行上级任务，因此乡村自治组织委员会难以充分发挥其桥梁作用。

五　党组织领导乡村生态治理现存问题及其原因

（一）农民自身主体意识不足

其一，生态治理过程中农民生态环保意识薄弱。我国是一个农业大国，农民是我国乡村建设主力军，是我国建设内在力量，也是我国乡村建设的主角，但随着我国城镇化建设步伐加快，农民向城市流动，孤寡老人和幼龄儿童多留在乡村。他们在新时代新征程上应对社会变化的思想意识较为淡薄，有些农民不能以实际行动践行新生态理念，甚至不愿意接受新思想，在农业生产中一如既往地使用农药和农业化学品，导致土地和人居环境遭到严重破坏，违反我国生态文明建设要求，这样固有僵化的思维和思想加大了我国生态文明建设难度。

其二，生态治理建设中乡村干部生态治理能力弱。在乡村治理过程中，村干部是乡村治理领头羊，其治理水平直接关系乡村建设水平的高低。而在我国乡村绝大部分地区，村干部年龄普遍较大且没有专业科技知识素养，在面对乡村生态数据和当地实际状况的复杂问题时，难以处理相关数据、归纳总结，对生态中的新问题难以快速做出反应。这将减缓乡村生态治理进程推进、生态治理效率的提升及相关工作的开展。

其三，乡村治理建设过程中一些地区缺乏生态相关建设人才。随着我国城市化步伐加快，城市日益展示出其活力和魅力。每年都有无数来自各地的青年选择向城市流动，使乡村建设和城市建设在人才方面差距越来越大。而在新提出的乡村生态建设目标中，面对这个新挑战新问题，需要专业人才对此进行解决。而乡村人才本就比较缺乏，生态建设相关人才更是稀缺，因此，这一问题导致乡村生态建设步伐减缓。

（二）经济发展存在困境

其一，在乡村治理中，农村大都是粗放型经济增长方式。一直以来，我国都强调经济发展水平，而在我国乡村地区，大部分农民为提高经济效益大规模开采自然资源和占用土地，比如使用大量农药和相关药品提高该地区农作物产量，造成土地污染，同时在不断开发的旅游业中也较少关注环境保护，呈现破坏和开发状态，缺少保护意识。

其二，在乡村治理中，治理资金不充足。一直以来，我国建设中心都在城市，对乡村建设投入比较少。近几年来，随着我国城市建设发展需要，乡村振兴战略实施使一部分资金转向乡村建设。但在乡村治理过程中，大多数村干部将建设资金偏向投资在经济和政治建设方面，不注重生态建设，导致乡村生态建设缓慢，村民生态意识没有明显提升。长此以往，乡村生态治理工作与城镇化建设工作差距变大，提升乡村生态新风貌、吸引更多外来游客、给予乡村建设相关支持等工作都会减慢或停滞，乡村生态建设的资金来源较单一。

（三）生态相关治理制度体系不完善

一直以来，由于我国乡村建设更注重经济发展，所以在乡村经济和政治建设方面制度体系较为完善。但由于生态建设提出时间晚，在制度治理层面还不完善，存在不规范性和滞后性。在实施乡村生态建设过程中，村干部大都按照城市生态建设模板开展工作而没有根据乡村特点制定具体方案，在乡村生态调查中发现，多是流于形式而没有实际依据。在进行乡村生态文明建设时大都没有明确的条文规范，这对完善保障农民生态权利的相关法律法规方面较为不利，效果不显著。

1. 乡村治理中，原有生态系统已经严重受损

我国是一个农业大国，在以前追求经济快速发展时，未重视乡村地区生态相关建设。农民对于该地区生态系统保护和可持续发展方面的意识十分淡薄。在乡村地区，农民长时间养殖鸡鸭猪等牲畜，畜禽粪便中含有大量污染物质、病原微生物等，加上不及时清理，会对土壤、大气以及生物各圈层造成交叉立体式污染，养殖行为便成为乡村面源污染的重要因素。更有长期使用农药等化学用品行为，且使用量逐年增加，导致土壤和水体污染，亦给自然生态系统造成极大破坏。

2. 乡村治理中，农村生态治理具有复杂多样性

对于乡村建设，我国一直比较关注乡村生态污染防治和自然资源保护，但由于其复杂性，仍存在一些问题。从生态污染防治看，我国针对乡村脏乱差现象采取了一些处理措施，但乡村污水是露天排放，加上农村地区村民大都养殖牲畜，这些牲畜排放的粪便大都随意处理。长此以往，垃圾污染便会渗入农村地区地下水，这给农村生态防治工作带来不利影响。同时，为增加经济收入，获得更多经济来源，村民大力开采该地区自然资源，对当地生态资源造成严重破坏。农村地区对破坏自然生态资源行为的处罚制度也不完善，农民生态保护意识不足。同时，由于城市化建设步伐加快，许多大工厂为不污染城市地区水质，大都向农村转移，许多工厂废水残渣留在农村土地上，这造成该地区污染扩大。

第五章
党组织领导的乡村治理体系现代化的对策研究

乡村治理体系是一个复杂庞大的工程,其中包含政治、经济、文化、生态、社会等各个方面,而要推动乡村治理体系现代化,应从多方面协同推进。

第一节 党组织领导的乡村经济治理体系现代化

乡村治理是国家治理的前沿,一百余年来,中国共产党在乡村经济治理方面不断探索。立足新发展阶段,推动乡村经济治理,应在重塑经济发展体制机制、丰富农村经济发展模式等方面深入推进。

一 推动农村经济发展体制机制改革

(一)创新农村金融发展体制

我国经济经过多年发展,乡村场域经济发展方式迈入更高级的形态,原有经济发展方式已难以支持其未来持续地更好更快发展,为推动农村经济发生质的变化,立足新国情新农情,适应"现代农业、现代农村经济"生产力发展需要,应给乡村提供适当的农村金融产品和服务,这成为一个重要突破口。目前看,随着市场经济的发展,金融存在于农村地理空间中并逐渐为推进农村经济发展服务。金融是现代经济核心,金融活,则经济活;金融稳,则经济稳。特别是在国家现代化建设以及乡村振兴战略背景下,要实现民族复兴重任最主要的是抓紧抓实"三农"工作,充分发挥金融助力功能。当前,农村金融发展水平不高,在乡村场域的应用也不可能对城市照搬照抄,迫切需要研究以农村为特定对象的金融产品和服务。因此,为推进农村金融改革,我国农村金融应立足目前实际情况,进一步推动我国农村金融体制创新。第一,在健全农村金融发展配套政策方面应进一步推动农村金融改革,健全与农村金融发展相关法律政策。明确农村各类金融主体权责、地位、发展方向,理顺各类主体关系,为其发展提供法律保障。第二,农村银行机构应有在农村市场选择"去""留"的自主权利。农村银行机构应根据实际情况有选择地从农村市场撤离,对于经济发展程度不同的农村地区,因地制宜决定农村银行网点"去""留"问题。另外,对经济发展较为发达地区农村信用社应进一步推进其向农村商业银行转变,强调内部审计在执行工作中的独立性;设立合作社负责人,防止"内人"操纵情况出现;要完善内部控制体系,监督检查工作不能走过场。第三,拓宽农村融资渠道。鉴于农村金融机构基础薄弱,可抵押资产少、大额农贷少、互联网金融支农受益群体窄等,难以与其他金融机构进行市场竞争。据此,可以培育国有资本、私有资本、外资等共同参与的多元化农村金融供给主体,设立社区银行、只贷不存借款公司、农村资金互助社等多种形式的农村金融机构,加大对涉农金融机构利率定价机制的管控力度,构建统一的涉农贷款统计监测专项制度,降低农民融资成本;同时创新农业经营主体担保抵押方式,包括农机具抵押贷款、农业订单融资、信用放贷等,扩大农业经营主体申请贷款品种和担保范围,并根据农业项目周期长、见效慢的特征，灵活确定农民贷款期限，提升资金使用效益。第四，充分发挥农村金融机构对民营企业发展壮大的支持作用。民营经济在我国经济社会发展中发挥着"56789"的作用，金融机构放贷对于民营经济发展具有重要的促进作用，但由于其对于持续经营的要求，偏好将信贷资金低利率投向大型、优质的国有、民营企业，对于抗风险能力弱、发展预期偏弱、信心不足等急需信贷资金的民营企业却有所顾虑。基于民营经济发现实际需求，以其为信贷投放重点领域和存款有稳定来源的农村金融机构，可发挥其专营服务机制和政府部门协作机制，了解融资需求，定制金融服务。通过免收抵押评估登记费、利率优惠等让利举措，降低民营企业融资成本；简化贷款审批审查流程；根据民营企业行业、生产周期、资金回笼等特征灵活设定贷款还款方式及期限。亦可以发挥政府与农村金融机构构建的政银合作优势，政府背书，将民营企业"纳税信用"转化为"融资信用"，破解民营企业融资难题。

（二）深化农村集体产权制度改革

传统农村集体经济是在坚持基本公有制的基础之上，实行"集体所有，统一经营"，成员无单独行使集体所有的生产资料的权利，致使个人产权缺位，同时采取"政经合一"的组织形态，基层治理组织村"两委"不仅是农村基层政权机关，同时也是农村集体经济组织管理主体，村委会、合作社常集权力于一身，职责权限出现交叉重叠，便出现经营决策由少数干部说了算，权责不明，经营不善，导致农村集体经济发展滞后。为有效地化解这一矛盾，可采取以下措施。第一，要健全相关法律法规，进一步推进全国建立农民股份合作组织，使其管理和运营脱离村委、村组，实现"政社分离"。农民以土地、资金等方式入股，将农民资源量化为集体经济股份并对其进行产权管理。对村级集体经济进行量化产权管理，使其成为一个民主管理、民主决策、民主监督、自主经营、自负盈亏的现代农业经营体制。第二，明确农村集体经济组织成员权责范围。现行农村集体经济组织在没有明确立法规定情况下，其成员权利定义不尽一致，仍处在自主经营阶段，这不仅会给某些村民权益带来伤害，还会使其产生"内人"现象。村民集体成员权利是由村民根据其自身社会地位在集体财产、集体事务等方面行使的一种复合权利。2017年中央一号文件提出"稳妥有序地由点到点地推动国有资产的股份合作制、确定社员地位、界定国有资产、确保农民集体资产权利"① 的指导思想。要确定成员资格就得在制定相关地方法律、规章和政策时赋予村民一定自治权，民主协商，民主决策，并根据实际利益和责任与户口状况相联系。第三，要妥善处理村级集体股权问题。在当前市场经济条件下可流通股份可以发挥其作用，所以，要使其所有权得以自由流动并成为生产要素，真正发挥其市场作用，在集体产权确认后，就必须确保其股权可流通。但在我国，集体财产流动存在某种影响社会安全的隐患，仍需要慎重处理。关于这一问题，中央明确提出"三权分离"，即实行集体土地所有权、农户承包权和土地经营权三权分离。在全国范围内推广应用，加速实行土地承包经营权出让，对农村土地征收、集体建设用地入市、宅基地制度改革等方面进行综合协调。加快推进"房地合一"农村宅基地和集体建设项目审批，鼓励当地通过多途径筹措，按照有关政策向农村居民提供集体林权补偿。加强水利水电市场构建，加快水权确权步伐，建立水权交易体系。要尽快建立健全的农村产权交易制度。当前，我国的村级集体经济大多是以村社为主，在人员配置、经营上不可避免地受行政性的干涉，其发展也很大程度上取决于其自身的实力。促进农村集体经济发展，可通过在村级组织中推进现代公司的建设，按照实际情况设

---

① 《中共中央 国务院关于深入推进农业供给侧结构性改革 加快培育农业农村发展新动能的若干意见》，《人民日报》2017年2月6日。

立董事会、股东大会、监事会,实行民主决策、民主管理、民主监管和健全的财政管理体系,并按实际情况聘用专业管理人员,以促进乡村集体经济的发展。第四,要着力破解我国农村集体经济发展中缺少社会资助、政府财政等方面支持的困境。2017年中央一号文件中提到,要"加快推进农村土地承包经营管理体制的创新"。除了对其进行税收减免以外,还要加大对其财政扶持力度。例如设立村级集体经济发展专项基金,对发展中的现代农业项目予以补助等,并以此提高农村集体经济综合实力和服务质量。

二 丰富农村经济发展模式

(一) 发展乡村共享经济

新时代,推进农村公共服务发展迫在眉睫。共享经济与其他经济形态不同之处在于以下几方面。第一,共享经济的中心是对未利用资源进行临时转移。共享经济最重要的思想就是使闲置资源运作产生新价值,使个人拥有的资源社会化,并以"网络互联"方式重新流转,使个人的社会生产和福祉得到提高。第二,强化共享,一般都是通过公共互联网进行资源共享。公共互联网平台是通信主要媒介,它为实现资源有效利用创造条件。通过公开的互联网平台可以有效降低供需双方间的不完全性,减少许多没有价值的中间部分,从而降低产品和贸易费用。第三,供给和需求变化。在新经济环境下,供给与消费间的联系变得更为自由、公平,个人或团体可以通过共享方式参与,不会受第三者干扰。然而,当前农村地区发展依然遇到诸多"瓶颈",资金、人力资源、制度等诸多问题都让农村社区发展陷入瓶颈。农村社会共同发展中存在组织体制问题,乡村政府必须关注和改进与乡村发展相关政策,在宏观调控下,根据区域特点采取有步骤的政策扶持,弥补发展薄弱环节。而在这一过程中,政府制定的各项政策必须涉及金融、财政、土地和组织建设等多个领域，并通过各种措施相互协调，为共享经济发展提供有力支持，特别是加强对农村金融的各类扶持。现有财政资源分配不能满足乡村经济转型和优化的需求，为使农业质量持续提升，应大力提高信息化建设与农民专业知识教育资金所占比例。同时，作为一种新社会环境也应由国家专门财政拨款支撑，给予有关机构财政上的支持和税收上的鼓励。第四，构建现代职业人才体系。高素质农村公共服务人员也是实现农村社会和谐稳定发展的重要因素。因此，一方面要加大农村对外传播力度，大力召集数据型、管理型人才，特别是掌握人工智能、大数据等现代化技术的人才，建立信息交流平台。另一方面，农村也应注重对本地优秀人才培养，对回乡年轻人进行相应职业培训，并对愿意参与的农户进行职业技术培训，强化指导，促进科学有效发展。

（二）推动农村产业融合发展

2015年12月《关于推进农村一二三产业融合发展的指导意见》第一次将农村产业融合发展概念提出；2017年党的十九大报告中，提出要大力发展农业产业化；2018年初农业农村部农村工业司印发了《2019年乡村产业工作要点》，指出要重视农村产业融合、农村社会发展和农村经济发展问题。为全面实施党的十九大提出的"三农"战略，促进一二三产业发展，推进农业多功能化，激发农民的主动性，应充分利用企业创新能力，促进农村发展，促进农业增效、农民增收、农村繁荣。第一，促进一二三产业发展，大力培育家庭农场、农民合作社和龙头公司，并加速培育符合这三种类型发展需求的农民。开展类型多样、内容丰富的培训，为广大农户提供多种形式的新型农村合作化服务。第二，要加速创建高质量示范区，建立高质量样板。在此基础上，结合乡村区域特点和优势，研究区域内各种产业融合方式，并在一定程度上建立可供参考样板。为其他同类村庄树立一个很好的榜样，并在创建的同时对存在的问题进行分析，在今后农业产业化发展中要小心规避。而且，发展一二三产业可以根据新发展潮流、不同人口需要开发适合的项目，并利用这些项目收回投资。第三，促进乡村企业发展。乡村人口呈老龄化，留守老人、儿童居多，大部分青壮年都外出打工，乡村缺少工业整合支持，当地政府要给他们提供适当生活支持。在教育和医疗领域，要建立平等体系、分享教育资源。推出一系列优惠措施使农村青年回到农村，建设自己的家园，从而推动农村经济、社会发展，完善农村市场经济体制，加强对乡村人口的教育，促进农民工返乡创业和城乡联动发展。最后，应积极探索并尝试构建政策联系制度，以推动乡村经济发展。包括为确保政策连贯性和协调性而制定的综合性政策，如根据不同地区经济领域特点缩小地区发展差距、实现经济协调发展的差异性政策等，以适应制度优化政策组合、协调各个领域，从而促进经济高质量发展。

（三）推动农村高效物流体系建设

2024年4月中国快递发展指数为416，同比提升16.7%。其中发展规模指数、服务质量指数和发展能力指数分别为494.2、648.8、221.0，同比分别提升27.7%、15.5%、3.5%，发展趋势指数为67.7。行业市场规模稳步增长，服务质效不断提升，发展能力有所增强，运行态势整体向好。[1] 农产品销售、休闲农业等新的发展方式，为乡村经济发展注入新的动力和活力。高效农村物流系统是连接农村生产和消费、发展新兴产业和新业态、延伸农业产业链的重要载体和桥梁，对于巩固脱贫成果、促进农村消费结构升级、推进城乡融合发展都起到关键的推动作用。随着农村电子商务发展和农民消费能力提高，我国农村物流系统已经初

---

[1] 国家邮政局：《2024年4月中国快递发展报告》，2024年5月13日，https://www.spb.gov.cn/gjyzj/c100015/c100016/202405/e67ab7b376646588d44c2c2ed10b505.shtml。

步形成规模，对促进农村经济发展起到积极推动作用，但同时也面临高标准基础设施建设缺失、规模经济效应低、信息技术运用不足、区域发展不平衡、专业人才缺乏等问题。首先，要加快农村经济发展，推进农村高效物流系统的构建，必须建立一个快捷乡村配送网络。同时，我国城镇人口和物流业务呈现相对分散特点，因此物流公司可以通过建立一个联盟或合作公司实现物流线路、物流网点、物流人员共享，把各个行业零散业务量进行有效统一，减少快递分布范围，提高单一的物流运力。通过增加配送密度，增加规模效益，减少企业运输费用。强化各个快递公司的信息管理，将分散的快件数据整合到一起，使共享的数据能够在同一平台上汇集，从而减少工作的错误，构建一个快捷的共享物流信息网。要大力推进农产品流通物流服务模式改革，把农村电商、物流企业、农产品经销企业等结合在一起，实行"产运销一体化"运营模式。其次，要健全高质量、高水平的农村后勤服务体系。大多数农村物流基础建设都具备一般物流运行的性质，而乡村后勤也是一种普适的公共服务。"农村后勤基础设施建设要由国家出资"改为"农村后勤基础设施建设由政府投入及社会资本参与，亦有信贷支持"统筹安排进行投资，引入先进物流技术，配备现代化物流设备。第一，加大对乡村道路投资力度。针对农产品生产集中、物流规模较大区域，要提升道路级别，以便于大件运输。第二，强化农村冷藏配送体系建设与经营。在田间建立冷链物流体系，确保新鲜果蔬等能够及时采集、保鲜、储存，同时对接物流企业冷链运输和冷链专线，既保证农产品全程质量可控，同时也能加强集约化、规模化，提高农业冷藏设备的使用效率。第三，强化农村物流各个衔接设施，包括各种交通工具衔接、搬运等。第四，强化物流信息化建设与经营，充分利用现代数字技术，有针对性地研发易于操作的物流 App，节约物流成本。第五，大力培养现代化乡村物流专业技术人员。乡村后勤发展最终离不开专业人员投入与扶持，而乡村专业化物流人员则是有效保障。加强对农村物流管理人员培训，支持高职、中职学校开设物流类专业，以培育具有基本物流管理知识、熟悉物流技术运作的复合型人才。尤其要重视对农村后勤人员价值观和责任心培养，使其积极参与乡村建设，为实现我国农业现代化作出贡献。此外，还可以通过强化与高校的合作进行定向培训，为物流公司设立实习基地，将乡村后勤弱势群体培养为专业人员，并将他们安置在适当岗位，缩短适应工作的时间。

第二节 党组织领导的乡村政治治理体系现代化

乡村治理在基层治理中占主体地位，实现乡村振兴的战略目标，乡村治理是着力点，也是重要保障。立足职责推进乡村治理现代化，才能进一步增强群众的获得感、幸福感和安全感。

一 发挥基层党组织的领导作用

推动我国农村基层政权现代化，需要适应社会发展需要，树立"民治"与"法治化"大旗，实现"民主化"与"法治化"。关注社会各界兴趣、整合动员他们有序地介入社会基层管理中，使社会各界达成共识。在基层治理上要有共同力量。习近平总书记反复指出，越是任务艰巨，越要发挥中国共产党领导的政治优势和中国特色社会主义的制度优势，越要发挥党中央集中统一领导的定海神针作用。在推动我国农村社会治理的现代化进程中，也存在如何加强党内政治建设的问题。要以基层建设为突破口和着力点，充分利用好基层党组织的力量，将好经验制度化，使基层管理进一步科学化、规范化。要坚持在基层治理中发挥党的领导核心和重要作用。如何增强党的领导能力是当前党的重要任务之一。

第一，要树立正确的方向，掌握好自己的工作方针。旗帜正确，目标明确，影响力大。党的十八大指出，中国特色社会主义必须坚定不移地走下去，才能实现"两个一百年"奋斗目标。习近平总书记指出，中国共产党和全国各族群众要为实现中华民族的伟大复兴而奋斗。各级党委、政府要紧紧围绕党和政府的伟大任务，树立科学发展的旗帜，牢牢抓住发展的正确方向，明确自己的任务与职责。

第二，特定的基层党组织要持续提高自己的领导能力。要强化党的领导能力，必须首先选择合适的领导班子。从这个角度出发，各级党委是基层党组织的主导力量。作为党委的一把手，党委书记的职责尤为重要，不但要加强自己的工作，而且工作人员也要加强自身建设，并注意引导基层党组织中普通党员提高其领导能力。

第三，要健全体制，激发人才创造性。当一个机构内部各项运作机制健全，其团队和机构将会变得更有魅力、更强。一要实行民主集中制，所有重大问题都要经过大家集体商议。在进行问题谈论时，要有足够的观点或通过头脑风暴方式做出决定，要把小组组长与个别组长责任有机统一起来，并激励和扶持小组工作人员全面发挥作用。提倡相互交流，相互协作，相互扶持。二要建立和完善岗位职责和评价体系，强化对领导班子和党员的绩效考评。三要加强和改进公务员的选任工作。坚持用人的正确方向，坚持以"德才兼备""实绩突出""群众公认"为基本准则，坚持公开、公平、公正、全面地审查和倾听，坚持集体讨论的方针。四要加强和改进优秀成果的奖惩机制，鼓励创新，多出成果，激励优秀团队和优秀人才。五要提倡终身学习，提高人员整体素质和能力。学习是生命的阶梯，各级党委和政府机关要始终坚持建设马克思主义学习型政党要求，积极推动学习型基层党组织建设，倡导终身学习理念，积极进行习近平新时代中国特色社会主义思想教育，树立中国特色社会主义共同理想，以先进思想武装自己，加强党性修养，加强对大学生社会主义核心价值的培养。我们要主动扩大自身国际化、全球视野和战略思考，提高自身整体素质和能力。

二 建立乡村多元共治的乡村民主治理模式

多元化是国家治理核心内容。随着工业化和城市化进程加快，农村社会阶层和社会格局发生显著变化，农村社会管理也面临许多新问题。但目前农村社区面临主要问题是农村基层组织力量薄弱、思想松懈。

第一，要推动多中心治理格局的构建。要重视在推动多元共治中充分利用社区乡贤领导功能，使农村社区管理更具组织性。要积极推行"乡贤回归"的"社区管理"项目，以使广大群众能真正地发挥自己的作用。从乡贤管理组织架构上，一是调动有名望的退职干部和有爱心的创业人士；二是充分调动企业主、志愿者等社会各界资源，充分利用他们的知识和广泛的人脉资源；三是调动原村"两委"中杰出党员、模范，重点选拔热爱村、热心公益、有经验、有公德的群众。在选举过程中，不吸收现有"两委"党员，实行村民自愿推荐方式，由政府审查、公示。引导居民主动参与社会治安、消防安全、环境保护、清洁家园、邻里关系和婚姻家庭等。引导村民们自觉遵从村规，文明树起来、固化新风尚，形成制度，敦化习俗，为农村"走出一条路"而奋斗。其次，要形成和谐的环境，通过和各种社会团体交流合作，吸引更多人加入农村管理中，构建和谐农村社会管理模式。社会组织来源于群众、依靠群众、服务群众，它在突破过去"二元对立"模式中，既可以密切群众与政府关系，也可以架好政府与群众的"连心桥"，同时还可以发挥社会对政府相关部门监督作用，成为政府部门的"正衣镜"。

第二,要建立有效的沟通渠道。在农村传统管理中,由于缺少有效沟通与协作,农村基层政权对有关各方重视程度较低。因此,要转变经营思路,进行治理方式革新,建立多种交流渠道。充分发挥各类社会团体反映诉求、规范行为等职能,采取专门机制,如协商会、座谈会、听证会、问卷调查和信息公开等扩大社情民意表达途径,让公众听"顺耳话",干部听"逆耳言",让广大社会团体在知情权、参与权、表达权和监督权上得到充分保护,真正推进政府依法决策、依法行政。

第三,要推进农村基层组织和民间组织深度介入。建立健全农村管理氛围,促进民间组织发挥积极作用。加强群众性工作,未来要继续强化群体组织的能力。支持民间力量在农村公共服务和管理方面投入,特别要创造一个良好的发展环境。要强化农村工作的专门技术人员配备,并给予他们一定补助。构建和完善各类社会组织共同努力制度。在农村治理中,要有对社会力量的总体布局和总体规划,要做好各类社会参与机构工作,协调各方资源,增强农村基层治理合力。要促进社会力量、组织、资源间的相互博弈,构建明确的责任和权利,完善社会协同参与制度化、规范化机制。

三 创建基层治理程序制度

《中华人民共和国村民委员会组织法》是我国农村集体协商制度的重要基础,立法重点是建立村民自治组织,但具体制度安排比较多,缺乏具体的程序法规,没有形成程序机制、制度化的民主参与机制和切实的保证机制。因此,基层政府要完善民主议事决策程序。程序化的构建为村民参与乡村振兴民主化进程中的体制机制保障,通过制度安排,农户只要按规定程序参加即可。民主的程序提供还可以改变村规民约的形式,加强其对体制的约束,从而保证民主化进程的实施。与传统地方性法规、民意相比，由村民按照民主进程自行制订规章制度，是由国家法定权力和国家意志共同决定的，它更有利于维护广大农民群众权益，更具约束力。村规民约由公民自由意志决定，因此，共同遵守是在其自愿抉择后必然要实施的。在乡村一级，个别个体农户妨碍政府政策实施，伤害公众利益，村规民约可形成强大的群体情感，并形成一股对不合作群体的制约和排斥力量。在全国范围内，如果村规民约的制订与法规相符且遵循程序，那么，基层政府将为农村社区行政法规的实施提供体制支撑。

四　创新乡村基层组织群众的民主参与

农民的民主参与是非常重要的，在具体的组织过程中，必须要有合适的媒介，要有一个民主磋商和交流协作的空间。由于乡村原有的基层政权不完善，因此，基层政权在行政村层面上建立了村委会，按照法定程序和农民人数等建立了村民代表制。村民会议面临村民投票程序僵化、村民代表因不能参会而难以参选的问题。农村基层民主的对象相对有限，农民缺少参与的舞台和能力。在乡村社会中，出现一种由"精英"或"能人"管理的方式，即由"代理人"决定并执行公众决定，这是一种"非直接"方式。在农村建设中，农村基层政权在原有组织结构上进行改革，为农村社会治理提供平台和载体。

第一，把基层管理单位向下延伸，使其覆盖面更广。在原来的村民委员会、村民大会以外，乡镇政府还建立议事会、村社、宗族理事会等多种议事机构。以四川省成都市为例，建立"村民委员会"和"监督委员会"，由民主选出的议事会成员组成，各行政村有2~4名村委会成员，5名监委会成员。如湖北省秭归县在自然村庄建立村民委员会，村民委员会由党员组长、理事长、村民小组成员等八人组成。各村一般选出3~5位委员。在四川省成都市、秭归县，实行由村委会、自然村一级组成的"基层"，实现基层自治组织向自然村、村委会扩展。

第二,根据便于召开村民会议的基本原理,建立相关机构。与村民组织比较,议事会和理事会具有成员人数少、人员结构单一、组织成员选举更具弹性的特征。成都市的农村居民代表大会通常为70~90名成员,若会议成员过多不方便召开会议。而且,议事会成员数量不超过50人,便于会议组织和决定。在选举议席上,如果议席的议员由于工作原因不能参加社区内的日常工作,则可以在任何时候进行换届,无须依照法律规定程序和时限进行。不同类型的农村基层协商机构是农村基层自治的重要组成部分。而农村基层组织建设也为广大农民直接参加提供条件。基层政权把民主管理单元向行政村、自然村延伸,从而使其成为一个较小的民主管理单元。这就导致我国的民主管理规模相对缩小,而且关系广大农户的切身利益,农民便会愿意并且能够直接参加基层管理和发展。

五 构筑多方联动填补权力监督真空领域

农村社区治理结构的变化削弱了其对村干部的监管,在政府的外在监管乏力、村社内部监管不到位的情况下,应构建多方互动机制,弥补权力监管的空白。第一,建立"纪检下乡"制度。村干部腐败的根源在于缺少对其监督和制约,可以充分利用纪检监察机关的监督和制约作用,有效地化解"小官巨贪"问题。第二,强化村务监察委员会组织。《中华人民共和国村民委员会组织法》对"村务公开"的职能做出了明确的界定,实行"村务监察"要切实体现"村务监察"的职能。监察委员会要想正常运转,必须要有一个透明的村务公开机制,尤其要将"三资"的使用情况予以公布,这样才能使村干部的权利和义务得到充分的保障。第三,构建权力监管网络。在加强纪检监察、村民监察工作之外,还应该把新闻媒体监督工作延伸到农村,并在基层开展党建工作。此外，新闻媒体、企业、社会团体也应对农村基层政权进行有效监管，构建立体的权力监管网络。最后，在多方面的协同作用下，挤压农村基层的权力腐败，切断农村腐败链条，重建农村社会政治生态。

六 重构乡村政治文化，增强乡村治理软实力

农村政治文化是由农民的认知、情感和评估取向组成的。农村居民政策导向和体制规范体现其政治心态、社会面貌，是影响其政治参与和行为的关键要素，也是其自身的一项重要内容。目前，农村政治和文化都处在过渡阶段，农村政治和文化也在不断发展变化。由于现代农业迅速发展，对传统乡村政治和文化产生巨大影响，中国式现代化视域下的乡村政治和文化突破原有的社会体制，并对农村居民原有观念产生一定的影响。然而，受传统政治和文化中传统人情礼仪、家族传统等因素制约，政治认识与政治身份缺失，政治观念不健全，政治意识淡薄，农村基层政权的传统政治文明逐渐淡化，现代农村的政治文明还没有建立起来，农村基层政权软权力缺失已经成为制约农村社会治理现代化的重要因素。从农村的政治和文化困境中解脱出来，最好的办法就是重塑农村的政治和文化，加强农村的管理软力量。第一，注重思想统一。在农村以社会主义核心价值观为引领的前提下重建农村政治文明，要实现农村的思想观念统一，以群众的声音来传播，从而使农村新的政治文明得以实现。第二，以科学态度发展乡村传统文化。充分利用农村传统政治文化惰性，重新定位农村的政治和文化精髓，以科学态度看待传统的政治和文化，是当前中国农村社会变革和发展的需要。第三，要培育农村基层政权。培养现代化的公民权，让其脱离一切社会、政治束缚，真正实现"政治人"的角色，唯有贴近村民生活、贴近村民情感、贴近村民思想的农村政治文化，才能很好地被村民认知、认同、吸收，

并转化为乡村政治文化自觉。

第三节　党组织领导的乡村文化治理体系现代化

没有乡村文化的高度自信和繁荣发展,难以实现乡村振兴的伟大使命。因此,乡村文化治理成为时代关注的焦点。

一　利用数字新媒介助推乡村文化传播效能提升

传统农村文化交流模式具有自发性、散点式、规模较少等特点,极大地制约农村的文化影响,也难以吸引外来注意力,尤其是工业资金。农村文化发展是促进农村文化复兴的关键,新媒体是促进农村文化发展的关键;在农村,农村文化与其他行业的有机结合可以为农村文化交流创造新空间,从而提高农村的文化交流效率。在以往,农村的文化交流要么是自然而然地进行,要么是依赖于对公共文化的投资,后者需要足够财力支持。而在这方面,政府投资极为有限。在过去十年里,随着市场经济不断发展,很多乡村都认识到发展"文化"的重要意义。然而,目前我国乡村文化发展仍有一定的先天缺陷。首先,受消费者限制。文化市场发展主要依靠消费者的需要,在我国农村地区则受到一定程度的制约,人口持续向外流动。其次,受资源制约。很多地区都是依靠某种特殊资源,而这种资源常常具有稀缺性、脆弱性、不可再利用性,如果用得太多,就会导致资源枯竭,环境破坏,无法持续发展。最后,受人才、资本等方面制约。农村发展效益低,资金回笼缓慢,因此,农村文化界人士很难将眼光放到农村,产业资金也不愿踏入这个领域。因而,农村文化在发展之初,往往会出现"不融合"的局面,而成为"以工业为中心"的"附属"。

第一,推动农村要素供给向数字生态、数字传承和数字消费载体转变，为农村地区提供数字技术与文化产业融合的融合性数字化媒体。数字文化产业相对于传统文化产业而言，能有效解决农村文化市场规模小、开发同质化、资源被破坏、创意不足等问题，通过创新农村文化生产、传播和消费模式，推动农村从土地、资源、劳动力等要素供给向数字生态、数字传承和数字消费载体转变，为文化产业发展较弱地区提供数字技术文化产业融合。首先，表现为文化产业与农业的种植业、养殖业和工业的制造业等一二产业经济的融合。种植业、养殖业为社会提供粮食、蔬菜、肉蛋、牛奶等基本商品，在发展数字文化的同时，还可以与观光旅游、创意设计、休闲娱乐相融合。食品加工业和服务制造业也可以与特色小镇和智慧乡村建设紧密结合。其次，表现为文化产业与服务业、物流、娱乐业、餐饮业、节庆会展业等相关行业的结合。以乡村旅游、农村电商、节假日为契机，将其整合运用于许多第三产业。综上所述，数字文化产业可以促进农业、教育、健康等其他行业的整合与发展，提升文化内涵、创意水平并实现增值。

第二，运用数字技术提高我国政府管理水平。数字化时代，各行各业均进行着深刻的变化。运用数字技术更利于乡村文化的发展和传播。深度指的是数字化采集、存储和开放的文化信息，使高层次高质量人文信息与广大乡村联系在一起，脱离特定的时间和空间限制。广域指的是通过数字技术对地方民俗文化、少数民族文化、西方文化等进行创新转换，从而实现多种文化资源在数字技术应用中相互兼容、相互渗透。然而，数字技术的运用虽然会带来新交流模式，让人们可以在家就获得大众的文化服务，但我们也不应把它看作一种另类的管理手段。在这种面对面的交流中，人们的社会生活越来越多，大众文化产物也越来越丰富。其实，要在农民体验现代生活的同时，把数字化技术和传统的文化资源相融合，如此便会实现其在乡村振兴进程中的社会管理职能。

二 乡村文化治理多元主体建设

社区管理最大特点就是以群众为本、共同建设、共同管理。在我国农村社区治理中，要充分利用社区的协调优势，并调动群众积极参与，从而构建新型社区管理机制。在治理对象方面，农村社区文化管理包括基层党组织、社会组织和村民群众三类。在农村，还存在第四类社会团体，如"市场机构"，在政府管理中扮演举足轻重的角色。在政府治理主体上，要充分利用各种社会基层力量，引导民众积极参加社会管理，从而实现良性循环。

第一，要在基层组织中充分发挥领导核心力量。农村社区党建是农村社区的重要组成部分，既是农村社区引领者，又是资源链接者、群众教育者。特别是要加强基层党组织建设，充分发挥基层党组织的先锋模范作用，团结民心；要正确引导农村居民正确认识和践行社会主义核心价值观；要大力整治破坏乡村治安的犯罪活动，营造有利于乡村经济和发展的良好社会氛围；要大力发展农村专业社团，扩大农村公益事业的社会力量；在构建和谐基础上，促进农村社区发展。

第二，要充分利用社区力量。农村自治是依托村"两委"等自治机构开展的。村务公开、选举规范、决策民主等各项机制和措施充分发挥村民对农村社会管理的积极性、主动性和创造性。在实现农村整体发展过程中，必须培养和发展专门的社团，充分利用其自身的专业力量。既有社会工作机构、社会团体等专业机构，也有各种民间兴趣团体、文化团体等，这些组织可以从各个角度为乡村社区提供各种文化产品和服务，从而推动乡村社会的融合和发展。

第三，要提高村民自治的参与度。从一定意义上看，村民是农村文化管理活动的重要参与者，它反映出农村文化管理的终极效果，是农村社会有序和生机的载体。在这个社会的主要成员中，应包含农村的"精英"和"乡贤"。在农村社会中，要充分利用农村优秀人才或"乡贤"的主导作用，让他们在农村文化中扮演中流砥柱和先锋角色。在新的时代背景下，农村知识分子也出现一些新的分类，例如：退休干部、退役军人、优秀农民工、企业家等。要把这类杰出人群吸纳到村里并充分发挥他们的作用，必须提供有针对性的政策扶持。新时期，农村公共服务的单一性已不能适应广大村民多元的文化诉求，必须及时转变观念，实现农村文化现代化转型。尽管"文化治理"这个观念存在诸多争论，但总体而言，"文化治理"的基本理念是将"治理"的基本属性进行整合，并在发展过程中更注重多元化的合作，而不是单一的国家。在此基础上，更强调在国家中如何实现"文化"的管理职能，即"文化"是"国家管理"的一个主要内容。在农村，社会流动性较弱，农村居民的阶级差异较小，文明创建常常依赖于国家的宣传和教育。然而，随着农村人口不断减少，农村社会组织发生巨大变化，农村社区个体化倾向更加突出，传统的群体认同逐渐被打破，而农村群体的多元需求则削弱了传统政府提供方式的有效性。在农村社会中，要更好地适应不同阶级背景下农民群众的多元文化需要，准确地向他们提供优质的文化服务，就需要在一定程度上调动他们的积极性，并在一定程度上提高他们的社会参与度。这就要充分发挥政府、社会组织和农户三者之间的协调功能，从而填补农村文化单一的体制弊端，实现农村的"文化善"。2004年，中共中央、国务院在《关于进一步加强农村工作提高农业综合生产能力若干政策的意见》中提到："加快推进乡村重点文化建设，健全乡村公共文化服务制度，促进乡村文化发展"。在2013年12月举行的全国农业工作座谈会上，也提出"要打破束缚着农民的手脚的各种不正当的束缚和歧视，要凝聚全社会的力量，加强乡村振兴的人才支撑，鼓励社会各界人士投身农村文化建设"。目前，部分乡镇政府对农村文化的认识尚停留在传统阶段,没有建立"治理"思路,导致农村公共文化呈现提供不够精准、"内卷化"的倾向。要扭转这一局面,必须尽快让基层管理者转变思想,确立"文化治理"思路,改变单一的行政供应模式,使农民群众和民间团体成为文化主体。只有这样,我们才能促进农村社会的良性发展,实现高品质、永续发展。农民群众主体意识培育是农村社会文化管理中的一个关键环节,农村社区居民在科技、文化教育、现代公民意识、法治意识、生态文明意识等层面上,仍有待进一步提升。因此,我们认为,教育是农村文化管理的根本手段,必须通过对农村居民进行全面教育,提升农村居民整体素质,从而改善农村社区文化氛围。一是,要培养农村文化的社会认同。农村社会的文化认同与价值观,在农村理性与个人化的强化下已形成一种普遍的社会现象。构建乡村共同体观念,就是要把农村作为一个整体看待,并以多种形式的文化计划和活动来促进其日常交往和社会融合。通过构建居民对乡村共同体的认同感和归属感,推动更大范围的社区成员加入,从而构建相互照应的邻里社会联系。二是,要培养村民自主自觉性。在农村社会治理过程中,不仅要将村民视为"治理"的客体,更要将其视为"自身治理"的载体与受惠方。只有最广大的农民群众积极参加,才能使"共管"工作真正落地。当前我国农村基层政权存在不同程度的不对等、自治观念不强、村民参与意识不强等问题,要培养村民自主性,首先要保证村民自治是在法制前提下进行,要坚持传统文化的继承,以德治村,以文治村,强化农村法制;同时,要建立一种以村民为主体形式的和非正规的社会性组织,并引导其积极参与基层社区管理活动,从而在实际生活中逐步建立起"自治"自觉。

第四,要培养"绿色"的生态文化观念。农村发展必须坚持人与自然的和谐发展,在农村进行文化管理时,必须兼顾自然环境与生态文明,将其纳入文化和民众的思想教育中,培育农村居民的生态文明观念，在保护自然环境、处理生活垃圾等方面培育绿色生活方式，实现在农业现代化过程中以绿色发展引领乡村振兴。

三　坚持农民利益中心导向，不断提高农民文化水平

当前，我国农村基层群众对农村文化的重视程度不断提高，农民群众对农村文化的要求也日趋多样化，农村的文化生活品质、社会利益保护等问题也被提上议事日程。目前，有些农村党组织较为松懈或治理力量较为薄弱，没有充分发挥农村文化的主导作用。结果是农村基层文化工作存在僵化、官僚主义、与农民现实生活脱节等问题，严重损害了农民群众对文化的主动参与性。所以，要"以农为本"，提升"农民"素质，必须从以下三个层面入手。

第一，加大农村公共文化产品供应力度，以适应广大农民群众生活需要。伴随全国大批文化资源进入农村，农村文化产品供应比以前有了长足的进步，并逐步趋于成熟。现在，农村基本形成覆盖县、乡、村的农村公共服务体系和乡、村的农村公共服务网络，在每个行政村基本上都建立文化活动室，在乡镇设有综合文化站等。但是，与城镇比较，农村社会文化基础建设还不健全，与农村社会分层背景下的"圈层"文化需要有很大距离，城乡之间存在很大差距。在数字农村时期，要加强农村信息化建设，让广大农民群众能更好地利用数字技术，为他们提供便利，丰富他们的精神生活。

第二，积极发展农村基层文化，为农村基层群众的文化生活提供一定的组织保证。借助各类现代社会的文化机构，把分散的农民群众进行有效整合，充分发挥其对社会公益事业的积极作用。广泛运用农村基层群众自发举办的广场舞、秧歌队、乡村春晚、乡村运动会、各类地方戏剧等形式，丰富广大农民群众的业

余文化生活；积极引导知识青年到农村去，充分发挥其优势，让农家书屋更好地运作，举办"道德讲堂"，开办"新时期的农民讲习所"等。同时，大力推进农村社会建设，建立农民群众的精神共同体，保证其在社会生活中的权利，改善精神生活。

第三，保护农民群众的文化权利，健全农村文化权利体系。要实现农村文化权利保护，必须构建健全的农村文化权利体系，使农民享有文化权利和文化发展的权利，提高他们的文化获得感、幸福感和满足感。农民群众的生存需要和他们的社会发展需要是其主要的表现形式。要真正保护农民群众的精神权益，就必须通过法律途径增强农民群众的权利、拓宽农民群众文化参与途径，并对其进行积极推动。与此同时，要积极改变政府功能，加强对农村的财政投资和金融监督，使农村文化管理方式持续改革。改革传统的"一种"文化经营方式，扭转以"功利主义"为导向的"农村"文化建构理念，实现"以文化为本"的"文化服务"与"文化治理"的范式转换。要实现农村文化转型，必须在发挥其领导作用的同时，充分尊重、运用市场和社会组织力量，优化配置农村文化资源，提高文化事业效率，拓宽文化产业融资渠道，促进更多社会资本投入农村，推进各类文化社团发展。农村的文化产品可以由国家采购和提供，并建立起一套高效的农村公共文化服务体系，满足农民群众的多样化文化需求，从而真正地改善他们的文化生活品质。

四 推进乡村文化治理的理论创新

作为先进文明的典型，中国共产党继承中华五千年优良传统，形成中国特色社会主义文明。一百多年来，中国共产党在马克思主义指引下，在农村建设伟大实践基础上，对具有鲜明社会主义特色的农村文化进行丰富和发展。实践需要科学的理论支持，通过对农村基层党建工作的总结，可以为新时代农村基层文化建设的实现提供有益借鉴。考察新中国成立后农村文化管理的实践路径，我们可以看出，中国共产党坚持与时俱进的思想和创新精神，走出符合农村社会和人类社会运作规律的文化之路。推动农村社会的文明管理，促进农村社会的整体发展。

第一，坚持农村文化治理。在当前我国农村面临新发展阶段的复杂形势下，要实现农村文化管理和农村文化的全面复兴，必须坚持农村文化治理。在中国共产党农村文化管理的理论创新上，要坚持以马克思主义传统的文化学说为基础，实现其自身特色。尽管马克思和恩格斯没有用"文化"一词，但是他们所表现出的"精神""意识形态"等思想却为以后马克思思想的建构打下坚实的基础。列宁继承了马克思文化观念，产生了自己的农村文化建设思想，更适合我国国情，例如：电气化、乡村文化、乡村教育、城市文化反哺等。马克思主义与中国具体实际相结合后，先后产生了毛泽东思想、中国特色社会主义理论体系、习近平新时代中国特色社会主义思想。特别是习近平新时代中国特色社会主义思想将为中国共产党今后的农村文化管理工作提供理论遵循和直接的思想源泉。任何理论创新都必须以社会实际为基础，这是构建科学研究的根本需求和必然逻辑。

第二，注重文化理论与农村实际相结合。从中国共产党建立之初，其农村文化管理的理论发展就与农村现实、农村需要相联系。在革命时代，农村革命和建设是其根本目标，而在社会主义建设和改造过程中，首要任务就是提高农村居民的文化认同。从这一点可以看出，党的农村文化管理与其自身的历史发展及其内部需求密切相关，党对农村社会和文化发展现状有着深刻的认识，从而把握住了农村社会发展规律，并形成一套科学的农村文化发展理论。新时代农村社会的发展和农村人民新的精神生活需求，迫切要求中国共产党加强对农村文化管理的实践和现实意义的研究，从而推动农村社会文明管理水平不断提高。

五 构建乡村文化治理制度体系

制度体系能保证既定的计划顺利进行,降低因不确定而产生的某些风险。农村社会文化管理体制是实现农村社会文明秩序的重要保证,要使农村社会的文化管理得到充分发展,须以完善的制度体系推进,并保障其实现。重视系统构建,从多角度多维度构建农村社会文化管理模式,激发农村社会治理机制,以实现农村社会的文化管理和文化复兴。

第一,构建农村思想品德教育系统,加强农村社会的精神管理。农村的思想品德是社会运行的润滑剂,它的制度化对农村精神文明的发展起着重要作用。要强化农村基层文化阵地。通过文化阵地建设推动农村社会的文化管理,必须建立健全的人文关爱与精神疏导机制,建立文明村镇、文明户、文明社区、"三下乡"等长效机制。以"移风易俗"为例,它仅仅起到了导向作用,而没有制度上的制约作用。在没有合法权利的情况下,建立健全的法制是推动农村文化建设的重要保障,在此基础上,还要对农村居民各项活动进行正确引导。

第二,构建农村社会信用标准。要构建符合农村社会文明管理的道德标准,必须加强社会公德、职业道德、家庭美德和个人道德建设;在信用体系构建方面,要健全信用、奖惩制度;在文化建设方面,继续开展"好人"评选和"最美丽的村庄"评选系列活动。

第三,构建优秀的乡土文化遗产,保证农村社会的文化管理体制具有民族特色。要彻底摆脱过去的文化是不现实的,如果脱离了传统根基,追求新变化,那么治理最终必定以失败告终。中华优秀传统文化是一个国家和一个民族的历史积淀,是它最珍贵的精神资源和前进基础。农村是比较特别的地域,保存着中华传统的优良文化。在农村社会发展过程中,要解决好农村优秀传统文化遗产的保护和创新问题。一要健全保护好农村优良传统文化。2016年1月，中共中央办公厅、国务院办公厅印发《关于实施中华优秀传统文化传承发展工程的意见》，提出加强农村文化保护体制建设思路。二要构建现代化的农村文化体制。以传统文化要素为依托，以当代美学理念为基础，运用新技术，以创意方式，使农村传统文化得到创造性地转换和发展。

第四，构建农村公共文化服务系统，强化农村社区公共文化管理体制。文化管理公共性的实质是：公共文化供给的内容、过程和效果最优；在农村复兴中建设乡村公共文化服务系统，能够强化农村社会公共管理体制，提高农村社会福利，为此，必须从两个方面着手。一是要健全农村社区的公共文化设施，坚持"保基本、促公平"价值观，推动农村公共文化事业规范化发展。推行"总分馆制"，充分利用县级图书馆和文化馆的总馆辐射效应，深入推进基层文化综合服务，拓宽农村公共文化服务覆盖范围，利用新媒体平台开展公共数字文化工程，把数字文化资料传播给广大农户。二是加强农村公共文化服务。首先，要构建"文化需要"回馈，使农村"行政逻辑"转变为由上到下的"服务逻辑"；其次，要加强"三农"主题文艺创新，在体制上要积极引导广大文艺家走进农村，以更好地展示农民群众的真实情感，防止农村公共文化服务形式的趋同性与内容的单调性。从而扩大了广大农民群众的多元文化选择。

第四节　党组织领导的乡村社会治理体系现代化

乡村社会治理不论是自上而下的顶层设计还是自下而上的非正式制度安排，都应从根本上体现人民当家作主。村民自治，不仅可以更好地体现民众利益，也能增进民众福祉，动员和激发社会各个方面的活力。

一 构建新型乡村共同体

现代乡村社会共识凝聚社区是一个群体在某一区域的集合,它具有秩序建构、利益协调、社会控制等作用,同时也是一种文化、符号和价值观,[①] 让个人获得认同与归属。中国传统村落是一个生产、生活和文化社区,农村社区是农村记忆的"感情根基",是"乡村复兴的内在动力"。然而,在现代化的影响下,传统农村社区正在被削弱、分解,其管理职能也随之消亡。究其根源,在于市场经济条件下农村社会形成个体户、私企等多种经济形态,农村集体的生产行为被严重削弱,土地资源空间的异质性日益加强,从而削弱了农村社区的物质基础。

第一,建设好农村和谐新社区。农村社会个人化使农村社区维持的社会联系日益淡薄。比如,村民的均衡感;农村权力消亡和由个人承担风险,使农村居民的归属感和安全感渐渐消失。乡村地理、文化和社会边界开放,例如从熟人社会到半熟人社会的转变、"流动村庄"的形成、各种思想文化的交融,使乡村社区的观念越来越模糊不清。乡村社会的维系、纠纷调解和互助协作等各类组织发展不完善,乡村内部不够团结。农村社区重建是农村社区建设的必然选择。但是,这种农村社区早已从传统社区转变为新的农村社区,将农村中的零散势力整合起来,以应对潜在的社会危险;统筹农村土地流转、征地拆迁等引发的各类利益冲突,解决各类农村社会矛盾,创造和谐的社区生活条件;维护和推进农村经济、文化、社会发展,提高农村居民素质。

第二,健全村民自治制度,强化乡村治理与民主决策。建设新农村社区的途径主要有以下几点。一是在政府层面上从治理角度看,建设新的农村社区要在农村社会中树立自由、平等、

---

① 刘祖云、张诚:《重构乡村共同体:乡村振兴的现实路径》,《甘肃社会科学》2018年第4期。

公正、法治等社会主义核心价值观,强化农民群众思想政治建设,培养出一批有明确权责意识和法治意识的现代"新农人";二是健全村民自治制度,强化乡村治理与民主决策,实现民主与政治身份统一;三是充分利用好党在农村社会治理中的主导地位。建立新农村社区的经济基础,如果没有公共的经济基础,没有共同的利益纽带,就会使村民们的注意力集中在自身利益上,而不能主动投身到农村管理中去。在农村社区建设中,农村集体经济发展的总体趋势依然是农村发展的大势所趋,特别是在市场经济环境下,农村个体经营面临很大挑战。发展村集体经济与农村专业合作社有助于整合农户,促进风险分担,促进村民利益共享,促进村民实现全面小康,在道德层面上建设农村社区。

第三,在农村大力提倡"互帮互助""友邻""互惠互利"等文化传统,践行社会主义核心价值观,缓解农村"人情冷漠"和"工具化"危机。建立和发展农村社区的精神和文化,在保持农村文化传统和历史延续的前提下,对传统文化进行现代性重构,并不断地吸纳新内涵和新表现方式,解决乡村信仰缺失、价值断裂、社会失序等公共管理问题。通过强化农村社区建设实现社区的创建。从培育新型农民、促进农民就业、完善社会医疗卫生服务体系、改善村民居住条件等几个层面为农村社区发展打下坚实的基础。

二 构建共建共治共享的乡村社会治理新格局:乡村精英治理缺陷的弥补

传统乡村社会管理是一种"精英化"的管理模式,尽管它对推进农村公共事业发展、促进农村社会一体化发挥着不可替代的作用,但它的管理模式却不尽如人意。在传统农村中,公共权力被精英控制,因为权力太过集中,所以其发展越来越强调个人的权威。此外，在大规模的社会流动中，出现专横、滥用职权等现象，与现代民主背道而驰、阻碍农村现代化等行为，特别是在大范围的社会流动中，出现大量"精英"流失，使乡村社会管理出现困难。全国人大常委会提出建设和谐共治、共享的新型社会管理模式，在农村也是如此。农村社会治理需要通过多方共同努力，共同治理乡村社会事务，共同分享乡村社会治理的新模式。"以服务为中心，以满足基层社会的公共服务需要为起点"的社区管理方式，是解决传统精英管理弊端，促进农村社会良性管理的一条主要途径。

第一，构建多元主体共同参与的农村社区公共事务管理模式。农村社区的构建需要加强党委领导，增强政府责任感，使农村社区各个成员都能积极参与到社区的构建和管理中，从而形成一个民主、法制的农村社区。乡村社会管理必须转变以基层管理组织、乡村精英作为乡村社会管理的唯一主体的观念，这是乡村社会管理的必然选择。充分发挥村民、社会组织和新乡贤等群体的作用，吸收社会各界人士积极参与，充分考虑社会各界的各种利益。在此基础上，利用各自优势和相互作用达成最大共识。在管理中要强化党的组织领导和综合规划能力，把农村基层社会管理改革列入各级党政干部的评价体系中；要转变传统的由基层政权主导的管理方式，让更多的资源面向大众；要大力发展农村社区，激活农村社区活力；建立基层政府治理机制，扩大基层群众对公共服务的管理，构建和谐的社区共治格局。在农村地区解决社会问题时，要实现"人人参与"治理模式，要通过健全相应制度预防和解决农村的社会问题。在农村推广应用大数据、云计算等信息技术，探索导致农村社会问题的根源和根本问题，增强对社会问题的发现和预警能力，对频发的如征地拆迁、坐地涨租等社会问题积极响应和解决。建立农村社区重大事件的社会风险评价体系。对一些与农村社区有关的重要事件，要事先对其所产生的可能的社会危害进行预估,并事先听取群众意见,取得群众的谅解与拥护,防止发生不必要的冲突。

第二,构建农村社区的利益诉求与协调机制。由于社会阶层和价值观念的差异,农村居民的利益诉求也有差异。在利益诉求各异情况下,要完善利益的表达与维持机制,忽视诉求、压制诉求、敷衍了事不但无法得到民众认同,反而会加剧社会的冲突。要加强农村社区管理即提高农村居民的社会化、法治化、智能化、专业化。坚持从社区群众视角找治理突破口,用法治化手段进行社区治理。用网格化管理方式使社区管理进一步规范、科学、效果好,让群众满意。平台等智能化治理使社区工作更加规范有序。将网络和居民相结合,构建专业化共管社区,最大限度发挥农村居民的积极主动性,使其主人翁意识凸显,从而使治理更为有效。

第三,构建一个由村民共同享有的社会体系。实现全民共有,即关注社会公正问题,尤其要强化对弱势人群的保障,以满足农村居民的幸福生活需求,让村民分享发展的果实,让参与农村建设的优秀人才得以保留。要完善我国的社保体系。社会保障体系作为社会"稳定器""安全阀",在调节收入分配、缩小收入差距、促进社会公平方面发挥积极的作用,既是维护社会稳定的基本条件,又是防范社会危险的一种有效手段。我国目前的社会保障体系不完善,维护农村社会稳定,让人民分享发展成果必须加强农村社会保障制度建设。完善农村教育、医疗、卫生等公共设施,着力于改善人民的生产和居住条件,合理调配农村的社会资源,以适应人民的多元化需要。要积极发展农村集体经济,以实现土地收益共享、产业收益共享等多种收益共享方式,使村民得到适当的安置,并将其纳入农村现代化建设,让村民共享改革发展带来的成果。

三 "外部推引"与"内源激活": 乡村振兴的动力重构

要实现农村复兴,必须通过引进外来的先进因素促进其内在动力,其中"外部推引"与"内源激活"是推动农村发展的两大动力。"外部推引"包含政策引导与资金引导。"内源激活"是指资金、技术和人才等生产要素的有效利用。需要寻找一条既不违反农村发展机制,也能有效地发挥其投入因素作用的发展途径。正确地运用各种手段,激发农户的主体性。"外部推引"为乡村振兴提供了一条既有实践意义,又能与农村发展需要相结合的途径,从而激活农村发展的内在动力。但是,"外部推引"是一种短视、功利性的做法,虽然短期可以促进农村自身发展动力,但从长远看,还要与"内源激活"相融合。要以"外部推引"引发的催化剂作用促进农村主体实力的"内源激活",要把"外部推引"和"内源激活"有机融合,重建农村活力,就必须不断地进行农村社会管理变革。

第一,构建城乡一体化内部和外部因素双向渗透。农村因素出现向城镇发展的趋势,这是造成农村社会发展不平衡的一个主要因素。城市化是一种双向发展,所以要促进农村经济发展,就需要构建一种促进农村经济发展的有效机制。要强化农村经济发展重点和薄弱环节的金融支持,促进农村多种资金的流动;要完善农村教育和医疗服务,强化农村住房保障等政策,以促进农村劳动力的流动。

第二,要大力推动体制变革,以激发农村内在发展的活力。比如:大力推行农村土地体制的变革,促进农村建设用地的均衡性;推进户籍改革,做好在城市中安置农民工工作,推进城乡平等权利与城乡融合;要全面规划农村发展,充分了解和把握农村发展的阶段性特点和需要,并根据其发展特点和需要,制订相应的发展策略,并及时调节农村发展的外部动力。

第三,强化农村发展的决策评价机制。建立科学、多元的农村发展决策效能评价系统,能够有效地发挥决策机构的激励和约束功能,能及时找到问题并进行相应调节,从而保证宏观调控的稳定性和可持续性。同时,微观决策的准确性与灵活性也起到很大的推动作用。如果在实施精准脱贫时,强化政策的有效性评价,就可降低相对贫困治理工作效能。

第四,强化农民主体性的培养是农村改革的重要内容。鼓励农户积极参与农村经济建设,利用互联网、大众传媒等多种形式,强化农村发展的政策,培养农村人的乡土感、责任感,并对农户进行技术培训,让他们了解农村的发展趋势,"指导他们制定与市场规则相一致的政策"改为"并以政府引导、村民参与方式,制定与市场规则相适应的政策"。

四 建立优化乡村人力资本、鼓励各类人才入乡留乡的激励机制

振兴农村的重点在于培养"能人"。农村的发展需要依靠人才,营造尊重农村"能人"的氛围也是农村经济发展的一个重要象征。但我国农村人口总体受教育程度偏低,人力资本水平不高。缺少吸引人才和留住人才的机制,是制约当前农村地区发展的主要原因。应加强农村人力资本建设,培育农村发展领军人物,留住一些本地优秀青年,为农村发展注入新的活力。此外,还可引入一些适合的外国专家。

第一,要强化"带头人"的建设。构建农村后备干部培训体系,从各方面选拔农村发展急需的优秀青年,发掘在农村基层工作的优秀青年,采取综合理论教学、"干中学""传帮带""轮岗挂职"等综合方法,全方位提高农村后备干部综合素质,为农村建设打造一支有激情、有担当的"带头人"队伍。要充分利用

"带头人"的领导力，培育群众的集体自觉，使其积极主动地投入到项目中来，从而增强农村的发展动力。

第二，要健全农村劳动力市场的专业技术教育体系。强化农民技术普及培训，完善农村从业人员基础教育和农村实用技术教育体系，逐步形成职业农户资格证书制度。结合农业技术、农场管理、营销等方面的具体需求进行专门培训，有效提高农民生产操作技术水平，为传统技艺、文化建设提供传承与发扬的舞台。推动非遗传人、其他地方优秀技能与新技术的创新融合，培养出大批的民间手工艺人，以自己的独特技术推动农村工业和旅游的发展。

第三，要把创业型人才引进到农村。根据实际情况建立农民创业园、农业创客空间、农村电商孵化园等，为创业者们的创业项目提供全方位支持。组织行业专家、技术专家、业界企业、风险资本、市场渠道商等各类资源参加，并以此方式进行社会公益活动，推广、推荐创业项目，促进创业者与相关资源对接合作。积极支持农业领域专门技术人员，加大对农业科技发展的资金扶持力度，确保农民稳定的经济收益。依托科研与协作计划，建立引进专业人才到农技推广站、科研实验站工作的机制，加强政府采购，提高科技成果转化能力。在一些乡镇建立"乡村振兴技术服务平台"，以满足农村发展需求，为农村提供技术支持。健全职称评定体系，把乡村教师和医生作为职称评定的特别加分点，提高职称评定比重，使到基层一线的专家有更多的职称提升空间。要形成"能人下乡"的良好风气，借助网络等新媒介，鼓励有志于农村的优秀人才为振兴农村贡献一份力量。

五　构建乡村民间纠纷有效治理机制

第一，健全和完善"三治融合"农村社会管理体制，促进农村社会和谐稳定，是解决农村社会矛盾问题的一条重要途径。实现农村发展的关键在于加强基层党组织的组织建设,实现农村基层自治、法治与德治统一,使农村基层社会和谐稳定,从而更好地应对农村社会矛盾。"三治"中的自治是近代农村"民主秩序"的体现,是农村社会管理体制的中心。德治与法治,则是"礼治秩序"与"法治秩序",它们是农村社会管理体制的两大支柱,以德治为特征,以法治扬正义。同时,要以法制为基本原则,以法律为保证。农村的复兴是农村社会走向现代化和法治化的进程,是农村社会关系日益复杂化和陌生化的进程,必然是一个以法治观念和法律行为逐渐融入农村社会的社会实践进程。在社会发展过程中,农民必须通过法律手段处理社会生活中的违法行为和冲突。然而,在农村社会中,法律并未全面延伸与涵盖,单一的法律体系很难支持"治理有效"。德治是目前我国农村"治理有效"的主要基础,它体现"软治理"的特征,既要尊重中华传统伦理,又要通过文化的重建实现农村的"民俗学",重视"民间法"如风俗习惯、村规民约等功能;同时,重构具有独特意义的乡野价值系统,并将其与社会主义核心价值观统一起来。通过村民之间的相互尊重、相互关爱,解决各类矛盾,及时修补村民之间的关系,提升他们的职业道德,从而达到有效解决纠纷的目的。要加强法治和德治并重,健全社会主义核心价值观的法制制度,将社会主义核心价值观纳入法制和社会管理之中。德治、法治、自治"三治融合"作为新时代农村治理的重要方面,必须以"自治"为核心,激活其内在力量;同时,必须把"法治"作为基本保障,保证社会公权的正常运转,保障村民的合法权益;同时,必须以"德治"为特征,持续地唤起社区意识、公共理性和公共义务。只有实现自治、法治、德治三者的价值融合、主体协同和制度优化,才能使农村社会的民间矛盾得到更好的治理和管理。

第二,对农村居民纠纷的化解方式和观念进行改革。调解的关键在于能够及时、高效地解决矛盾，通过调解，农村的民间矛盾得到妥善解决，即使调解失败，也能缓解矛盾，暂时搁置，不会导致矛盾和纠纷加剧。一方面，乡村民间纠纷的调解应该坚持"事中介入+事后跟进"双重介入模式。在纠纷发生时，调解人应及早介入，避免纠纷激化和异化。纠纷事件平息后，调解人应持续跟进，避免纠纷双方表面上事态平息而实则心怀怨恨，导致后期矛盾和纠纷频发。另一方面，乡村民间纠纷调解过程中，第三方个体"卡里斯马式"人物的缺失，导致纠纷调解主体单一化，即现实中调解主体常以村干部为主。这就要充分发挥党组织的领导作用，动员群众参与乡村治理，即村委会和村党组织可以在有条件的情况下，将单位退休老干部或村中德高望重、有一定影响力的人组织起来，以设立"村民纠纷调解委员会"的形式，发挥这些人在乡村纠纷调解中的作用。地方政府也可以创新基层治理方式方法，将乡村内部"纠纷调解委员会"与乡镇一级纠纷调解法律事务所的工作相互对接，共同发力。

第五节 党组织领导的乡村生态治理体系现代化

乡村生态环境治理是乡村振兴战略的题中之义，更是加强农村生态文明建设的重要举措。立足新国情新农情，进一步提高乡村生态治理水平、对建设生态宜居农村具有重要意义。

一 构建乡村生态治理长效机制

农村社区成员参与是新时期农村环境保护工作的重要组成部分。为此，要从体制上建构新时代乡村生态治理的长效机制。

第一，建立农村生态环境保护的法律体系。建设农村生态环境保护的法律体系，必须遵循法律优先理念，使其在农村的环境保护中起到引导作用。首先，考虑到农村环境问题的特殊性，必须根据村民的生态习性和村规民约及时制订全面的农村环境保护法规，弥补农村环境保护的法律缺陷，消除城市中心论在环境保护方面的弊端；在农村生态立法中，要在现有环境损害赔偿的前提下，构建与乡村生态治理相适应的补偿机制，并与乡村的环境违法行为密切结合，从而推动乡村生态正义的法治建设。在《中华人民共和国水污染防治法》《中华人民共和国大气污染防治法》等相关法律法规指导下，加强农村生态环境权利保障。其次，加强生态环境保护的法律监督。法的生命力和权威性就在于执行，从而保证它的公平和公正。要把农村生态环境保护法治建设作为政府工作人员的政治评价指标，在健全的环境法律制度保证下，绿色 GDP 的计算和评价机制才能发挥长效作用。

第二，要通过建立村民自治协作制度，充分调动村民的自主权和自觉性。如湖南省长沙市长沙县果园镇建立首家农村环保合作社，采取"分户收集、分类处理、政府补贴、村民自治、合作社运营"的方式，建立一个解决环境问题的村民自治机制，确保乡村生态治理工作零缺位。从内部支持上看，要建立农村绿色、创新的推动机制，推动农村技术的发展。以生态环保技术为动力，促进农村生态环境保护，大力推广可持续发展农村能源的环保技术，大力推广太阳能热水器、小型风电和节能燃气炉等绿色环保技术。

第三，以绿色环保技术的创新和研究促进农村生态环境建设。运用 5G 技术和互联网技术，对农村环境污染进行治理，并在农村废弃物资源化方面充分运用。农业技术的革新以"网络+现代"为手段，推进农产品加工产业链的改造，大力推进节水节能、资源化和可持续循环的新农业技术，使农业生产循环化、绿色化、生态化，实现农业生产技术革新。新时代农村环境治理以实现人们对美好生活的渴望为起点和归宿，确立"绿色发展"的生态观，实施和推广农民的"绿色"生活和"绿色"消费模式，离不开"绿色"技术的支持。环境保护是可持续发展的必要前提，也是人们对美好生活的向往。要培养农村生态文明观念必须树立"以人为本"的观念。因此，各地要转变过去"以发展为本""GDP至上"的思路，加强对农村环境保护的认识，增强农村环境污染的危害性意识，构建人与自然和谐共生的生态文明价值理念。同时，要对地方政府绩效考评制度进行创新，将资源节约、绿色发展、生态保护与生态环境保护、公众生态满意度相结合，建立一套科学、合理的绩效考评制度，进而扭转"重经济轻生态"的发展观。要构建共同治理的环境生态观念。当前，我国农村生态环境建设面临着不同主体间缺乏协作的问题，导致农村环境保护工作效率低下。因此，必须加强农村环境治理中政府、企业、村委会和村民的"生态共治"和"生态共享"观念，从而形成多层次的社会治理模式。构建农村环境治理体系，必须在民主协商、平等对话和团结协作的前提下，实现政府、企业和村民之间的权力、技术和资源的有机结合。在政府主导和党委领导下，加强农村环境保护多重主体间的相互作用，促进农村环境保护，促进个体和集体利益相结合。

第四，构建农村绿色生态文明。生态环保文化既可以直接影响农村的生态环境，也可以促进农村的长远发展。要充分利用生态环境主题日、生态文化实践月、"美丽乡村我参与"等育人与体验活动，强化对农民的绿色发展教育；同时，村规民约的调控，使农村居民形成"绿色消费"和"绿色生命"观念，从而提高农民群众对"绿色发展"的认识，加强对环境保护的责任感。在农村基层党组织的支持下，要扩大农村基层社区成员参与率。在我国乡村环境治理中，农民对环境保护有着自身的要求，全面拓展农民表达诉求的途径，是人与自然协调发展的必然要求。要全面扩大农民参与的渠道，同时，要健全村庄环境保护的听证评估制度，引进听证代表，以客观、公平的方式为村民说话。要对农村地区的环境保护进行指导。在推动农村生态环境保护和绿色发展中,政府和企业要主动担负起农村环境保护和绿色发展的重任,对推动农村发展有着重大的实际作用。推行绿色生产管理观念,就是要把绿色思想纳入企业发展的战略目标中,从而对企业的生态和环保行为产生一定的制约作用,推动生产过程和链条的低碳化和生态化,要求各生产过程要体现绿色的特点,实现清洁生产、生态营销、包装再利用,推动生产的绿色转变。要鼓励和支持农村的绿色经济发展。农村环境保护组织具有专业性、价值中立性和非利害关系等特征,可以将不同群体的价值主张和利益诉求以客观、公平的方式呈现出来,具有较强的民众基础和强大的民意优势。为此,各地政府要制订一套科学、合理的农村环境保护机构发展计划,使其得以正常地实施和运行。要强化农村生态环保机构的专业技术力量,根据农村特点,进行有系统、多层面的专业技术训练,提高农村生态环保机构参与农村生态治理的能力。设立扶持和发展农村生态环境保护机构的资金、人力、技术和场地资源制度,鼓励、引导其积极参加农村生态治理活动,助推乡村生态振兴。

二 构建现代化乡村生态治理共识

当前,对于环境保护问题,需要采取相关措施,以进一步凝聚各方力量,促进农村的现代化生态管理新体制建设。主要采取以下措施。

第一,利用多种媒介及途径,加大农村环境保护工作实施力度,以宣传促进共识。当前,人们对村庄的生态管理缺乏足够的关注,其根本原因是缺乏对村庄生态管理的正确理解,从而忽视它对农村和城镇等人群的影响。因此,除了要利用《人民日报》《光明日报》《经济日报》以及当地报刊等新闻媒介引导外,还要加强对农村环境保护工作的重视和发展,同时在电影和电视剧中进行相关宣传。总之，在不同媒介、不同渠道上，创新地加强农村环境保护工作，使农村环境保护意识深入人心，形成社会各界的共识。

第二，要以实际行动凝聚广大干部群众，使农村生态环境建设成为实现现代社会治理体系的一个关键环节。当前，农村生态环境建设作为我国社会治理的一个关键环节，在许多地方还没有形成统一的认识。因此，各级党委、政府要以出台相关文件、举办宣传讲座等形式，让基层党委政府官员加深对农村生态治理的认识，并把农村生态治理成效纳入官员考核体系中。

第三，在农村基层组织中形成新型的农村环境治理机制，充分发挥农村党员的积极作用。农村基层政府官员应在农村环境保护中真正起到领导作用，特别是在基层党委、村委会定期举行的以农村环境保护为重点的村级班子成员大会上。同时还应该将农村生态治理纳入村"两委"干部的考核体系中，对乡村生态治理成效显著的村干部给予大幅度的绩效奖励。还要采取严惩机制，倒逼村党组织成员共同努力，共同推进农村环境保护，要让他们对农村环境问题有全面地了解。要通过上述措施建构我国农村现代环境生态治理的共识与凝聚机制，为我国治理体制与治理能力现代化建设提供有力支撑。

三 加大乡村生态环境治理投入，增强乡村环保基础设施建设

目前，农村生态环境的有效控制主要是华东和华北等点源、面源污染较为突出的地区，农村生活垃圾治理还没有形成较为完善的管理体系，亟须引进新的技术。

第一，强化垃圾处理，选好设备，强化技术。目前国内农村地区的集中式废水处理技术相对成熟，它的运行要求有相当多的技术人才，一般农村地区是不能完全解决的，而分散式废水的运

行成本低、操作简单、无噪音、无异味、无二次污染、使用寿命长、投入少、运行效益好，是一项非常有价值的技术。在垃圾处置领域，由于农村生活垃圾的种类越来越多，组成越来越复杂，对废弃物的处置技术和设备提出更高的要求。垃圾分选发酵技术和热解气化是当下处理垃圾资源转化度最高、对环境影响最小、处理理念最领先的技术，大力节省政府财政支出，提高垃圾治理效率。

第二，要加强跨地区协同，促进农村生活污水和生活垃圾的综合治理。当前，由于农村治理水平普遍较低，农村经济发展水平、环境治理理念、治理政策呈现一定的波动性，仅靠某一地区政府进行治理，很难解决其他区域污染源引发的连锁环境问题。因此要建立、完善地区协作监管制度，积极采取各种方式，如利用政策引导、财政支持、税收减免等方式，引导社会力量投入农村环境保护中，加强乡镇污水处理厂、垃圾中转站等绿色基础设施建设。

四　培育现代化的乡村生态治理理念

要实现乡村生态管理的现代化，必须实现价值观的转换。党的十九大提出，要坚持"绿水青山就是金山银山""人与自然和谐共生"理念，实现人与自然的协调发展，为乡村生态管理观念的革新提供新思路。

第一，要坚持可持续的"绿色发展"。可持续发展需要的是绿色，是人们对更高层次的向往。因此，必须树立人与自然"和谐"理念，改变"GDP第一"观念，增强"发展与保护并重"观念，使资源、生产等要素相匹配适应。

第二，要强化绿色政绩观。构建科学合理的考核评价，转变过往重经济轻环境的理念。另外，鉴于乡镇政府领导干部的任职年限与当地经济发展间呈倒"U"形，可以通过适当地延长官员任职期限方式解决"短期投机"的问题,从而对基层政府的生态环境管理观念进行指导。要重建农村的生态文明。尽管文化干预对乡村生态管理的影响具有长期性和间接性,但对现代化乡村的生态管理功能仍不容小觑。所以,要从农村地域文化、人口结构等特点入手,强化农村居民的绿色发展观念。例如,举办"生态文明月""美丽乡村我参与"等活动,对村民进行"绿色低碳生活"教育,提高农村居民的社会价值观。

第三,要充分利用村规民约的调控功能,使村民形成绿色消费观念,在实现绿色发展的同时,实现绿色消费。通过制定村规民约,引导村民转变与"生态村庄"不适应的生活方式和习惯,根据自己的消费需要和能力来规范自己的消费行为,形成"自然"和"自我"并存的"环保"消费观念。

五　充分运用现代信息技术使乡村生态治理手段现代化

乡村的生态管理方法就是依靠"乡村"的方法、技术和经验。正如科技是第一生产力,生态管理方式的现代化也是推动乡村生态治理的一种生产力,它既可以被赋予新的观念,又可以促进生态文明社会建设目标的实现。当前,我国农村生态问题日益突出,但其效果并不尽如人意,这与农村基础薄弱、创新能力不足、体制不健全有关。因此,在推动我国乡村生态治理现代化进程中,必须加强对生态治理方法和技术创新的运用。

第一,要强化环保技术的革新和推广。环保技术是以生物科学、环境科学、信息科学为依据,以低消耗、高产出、无公害、循环利用为主要目的的现代环保技术。例如:利用秸秆还田、沼气综合利用、生态养殖防治等技术解决了农业非点源污染问题。政府要加强财政投资,制定有关环保税收、价格等方面的优惠措施。同时,企业和社会组织也应是环保技术研究的主要投资者,应构建政府、企业和社会组织"三位一体"的环保技术投资体系。

第二，要强化环保技术在实际运用中的人才培养，强化技术运用。一是推动乡镇环保治理体系的创新，以改善农村环保技术人才短缺的现状。要大力发展农业环保技术，以市场化的手段进行技术转让与运用，以达到最大限度地发挥其技术价值的目的。二是要推动行政管理技术的变革与提升。行政管理技术就是在国家组织中制度和权力的具体体现和运用。三是运用动员技术，由行政动员转变为灵活动员，转变以往只注重由上至下、层层施压的行政动员方式，采取引导互动的动员方式。四是利用产业整合技术，由政策控制转变为吸收型一体化，以实施生态工程为载体，积极吸纳各类资金，从而产生较强的集聚作用。以"群众为本"的方式，目标导向、利益补偿和潜移默化的技术手段，使农户从心里感到乡村生态治理是美化家乡、振兴家乡的重要途径，从而调动他们的积极性。农业环保技术、行政管理技术、动员技术、产业整合技术四种技术都不是单纯的管理手段，它们都是顺应科技发展、解决环境问题的一种动力学体系。

第三，提高科技对环境的影响。以互联网、大数据、云计算为代表的现代信息化技术，有利于弱化、消除以往在技术层面的种种壁垒，实现顶层与基层、宏观与微观、抽象与具体的直接联系，从而实现人类与自然的协调发展。为更好地实现农业信息化管理，必须建设网上服务系统、公共数据库等信息化系统，以减少环境管理费用，增强各成员间的互信。在信息平台建设上，要构建全国生态文明信息共享平台，保证数据的真实性与连贯性。

图书在版编目（CIP）数据

构建和美乡村：健全党组织领导的乡村治理体系／文丰安著．－－北京：社会科学文献出版社，2024.7
ISBN 978-7-5228-3228-9

Ⅰ.①构… Ⅱ.①文… Ⅲ.①乡村-社会管理-研究-中国 Ⅳ.①D638

中国国家版本馆 CIP 数据核字（2024）第 027049 号

构建和美乡村：健全党组织领导的乡村治理体系

著　　者／文丰安

出 版 人／冀祥德
责任编辑／陈　雪
责任印制／王京美

出　　版／社会科学文献出版社·皮书分社（010）59367127
　　　　　地址：北京市北三环中路甲29号院华龙大厦　邮编：100029
　　　　　网址：www.ssap.com.cn
发　　行／社会科学文献出版社（010）59367028
印　　装／三河市龙林印务有限公司

规　　格／开　本：787mm×1092mm　1/16
　　　　　印　张：13.5　字　数：176千字
版　　次／2024年7月第1版　2024年7月第1次印刷
书　　号／ISBN 978-7-5228-3228-9
定　　价／128.00元

读者服务电话：4008918866

版权所有 翻印必究